百读不厌的
经典故事

钞票的故事

庄铭国　卓素娟◎著

全彩插图

长江出版传媒　长江文艺出版社

图书在版编目（CIP）数据

钞票的故事 / 庄铭国，卓素娟著. -- 武汉：长江
文艺出版社，2021.6
　　（百读不厌的经典故事）
　　ISBN 978-7-5702-1768-7

Ⅰ．①钞⋯　Ⅱ.①庄⋯　②卓⋯　Ⅲ.①纸币—介绍—
世界　Ⅳ.①F821

中国版本图书馆 CIP 数据核字(2020)第 170710 号

著作权合同登记号：图字 17-2019-171 号

本书为五南图书出版股份有限公司授权长江文艺出版社在中国大陆出版发行简体字版本。

钞票的故事
CHAOPIAO DE GUSHI

_____

策划编辑：陈俊帆
责任编辑：雷　蕾　　　　　　　　责任校对：毛　娟
封面设计：颜森设计　　　　　　　责任印制：邱　莉　　胡丽平

_____

出版：长江出版传媒 | 长江文艺出版社
地址：武汉市雄楚大街 268 号　　　邮编：430070
发行：长江文艺出版社
http://www.cjlap.com
印刷：湖北新华印务有限公司

_____

开本：720 毫米×1020 毫米　　　1/16　　印张：17.125
版次：2021 年 6 月第 1 版　　　　2021 年 6 月第 1 次印刷
字数：126 千字

_____

定价：36.00 元

_____

开场白

当你收到别人给的名片，你会先看哪里？对方的名字？头衔？

当你拿到国家的名片——"钞票"，你会先看哪里？金额？图案？

除了国旗、国徽外，货币也是一个国家或地区的象征和代表，它甚至被视为国家或地区的名片。一张钞票不只是一个国家或地区文化、历史与社会的缩影，也巧妙汇集了它的政治、经济、文化、艺术、地理与景观等丰富讯息。因此，我说它既是商品，也是艺术品。作者运用"类比法"（Analog Method）——从熟悉人事物到陌生人事物，从已知人事物到未知人事物——进行比较，像从一座山跨过一座山，由探索中获得启发，开拓无穷的视野。

这将会是一场奇妙的艺术飨宴。在宴会上，你可能遇到马可·波罗，趁此带他来逛逛中山楼；也可能看见彼得大帝，问他对爬玉山有没有兴趣；如果你够 Lucky，或许还会巧遇溥仪，此时可送上一只梅花鹿当见面礼，并且来场"交换名片"的游戏。现在，就盛装打扮赴宴去，体验跨场景、跨世纪的不可思议！

目 录

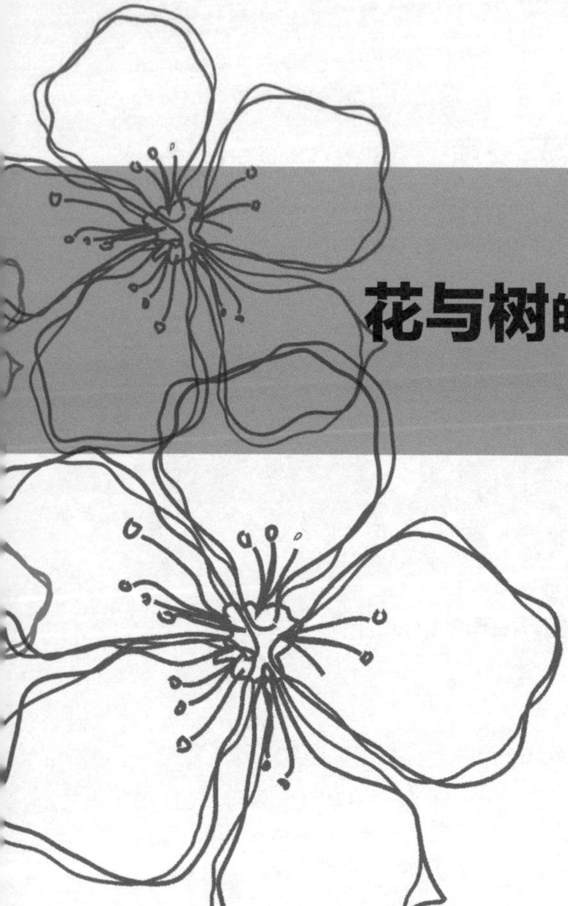

花与树的相遇，从钞票开始

从现在起，

花与树的意义不再肤浅，

答案将从单选变成复选。

　　世界各地的钞票五颜六色，煞是美丽，但在这美不胜收的图案中，却也涵盖着许多象征性的意义，其中最别具意义，且最优雅的图案，莫过于钞票上的各种花卉图形了。

　　这些花卉大多代表一个国家或地区的国花或市花，透过花卉的图案，将其所代表的人文精神，传达给世人，直接发挥国家或城市名片的作用。

来自异域的美女——兰花

兰花在中国素有"王者之香"的美称，新加坡、哥伦比亚、哥斯达黎加、巴西等国则以兰花为国花。1981年4月16日，新加坡宣布以卓锦·万代兰为国花，昵称为胡姬花，系指来自异域的美女令人陶醉的意思。

卓锦·万代兰是为了纪念西班牙女园艺师万黛·卓锦（Vanda Joaquim）而命名，有"卓越锦绣、万代不朽"之意。因为女园艺师的用心投入，才能培育出美丽的兰花。以卓锦·万代兰作为新加坡国花，也象征新加坡人民期许自己的国家能卓越超群。

新加坡人甚至将胡姬花制作成独一无二的镀金饰品，除此之外，每年还将它大量出口到西欧、美国、日本、中国香港等地，赚取大量外汇，为新加坡带来极大的经济效益。新加坡的胡姬花纸钞，分别为1元（图1-1）

图1-1

图 1-2

及 10，000 元（图 1-2）。卓锦·万代兰花瓣是淡雅的浅紫色，艳美而高雅，其花瓣代表新加坡国内马来语、英语、华语、泰米尔语等多种语言并存；雌雄合体的花蕊，象征幸福；袋形角隐喻着财富汇流。加上卓锦·万代兰的生命力强，更能传达新加坡人民即使在困难的环境下，仍具有勇敢跨越困境的意志力。

巴西、哥斯达黎加、哥伦比亚的国花都是一种非常迷人的兰花——"嘉德利亚兰"，也称"卡多利亚兰"，是西洋兰花的代表，这是为了纪念英国的 William Cattley 而来，因为他花费极大的心力，以人工栽培方式促使这株兰花成功绽放。

图 1-3

图 1-4

　　嘉德利亚兰能够艳冠群芳，赢得国花美名，除了它有硬挺的叶子和娇艳的花形，更因为它的花语象征风韵华贵、出类拔萃。一到开花季节，艳丽丰盈的色彩，总能吸引世人目光，令人驻足，其耐久不凋的特性，更代表着一个民族不轻易凋敝的意涵。

　　图 1-3 为哥斯达黎加的 5 元纸钞，右方有两朵淡紫色的嘉德利亚兰；

　　图 1-4 为科摩罗的 500 元纸钞，栩栩如生的粉红色兰花，占据整张纸钞的版面，宛如一幅美丽的图画。

　　图 1-5 为委内瑞拉 500 元的纸钞，"五月兰"是其国花，生长在热带美洲，委内瑞拉有兰花之国的雅称。

图 1-5

玫瑰花、蔷薇

玫瑰花、蔷薇是美国、摩洛哥、坦桑尼亚、保加利亚、罗马尼亚、伊朗、叙利亚、伊拉克、英国、葡萄牙、卢森堡等国的国花，或许是因为它美丽高贵的外形，许多国家都以其为国花。

美国于 1986 年 9 月 23 日定玫瑰花为其国花，认为玫瑰花具有和平、友谊、勇气、爱情及献身的含义。

英国和蔷薇的渊源，可从 1272 年说起，当时的英王爱德华一世把蔷薇图案铸在王室的徽章上，从此蔷薇成为英国王室的标记。英国曾在 1455 年发生内战，即历史上非常著名的"蔷薇战争"，这是因为征战双方分别佩戴红色及白色蔷薇徽章的缘故。这场战争导致英国封建制度瓦解，自此建立了君主立宪的都铎王朝，为英国带来日后经济与文化的兴盛。

CEM
ESCUDOS
100

图 1-6

100
BANCO·DE
PORTUGAL

100

CEM
ESCUDOS
100

Аь 825906

БЪЛГАРСКА
НАРОДНА БАНКА

50
ЛЕВА

БАНКНОТАТА Е ОБЕЗПЕЧЕНА
С БЛАГОРОДНИ МЕТАЛИ
И ВСИЧКИ АКТИВИ НА БАНКАТА

ЗА ПОДПРАВЯ
ВИНОВНИТЕ СЕ НАКАЗВАТ
ПО ЗАКОНА

Аь 825906

1951

图 1-7

蔷薇的艳丽高贵，象征美丽与爱情；茎上的锐刺，象征严肃，衬托出高尚贵族气质。

玫瑰花是葡萄牙的国花，在葡萄牙的 100 元钞票背面（图 1-6），印有一朵鲜艳的橘红色玫瑰花，这朵玫瑰花乍看之下，宛如一个罗盘，就像是葡萄牙在航海时代中标示着航海图的中心点，为葡萄牙人民指引美丽光明的方向。

保加利亚钞票正中央印着一幅女子采收玫瑰花的图案，全图透露出丰收的欢愉（图 1-7）。

传说玫瑰花是爱神维纳斯的眼泪，芬芳的花朵充满了丰富的生命力，其丰润浓郁的香气，可以促使肌肤散发健康和甜美的妩媚气息。保加利亚盛产玫瑰花，玫瑰花在这里不只是观赏性植物，它所萃取而成的精油，更为保加利亚带来极高的经济价值。

2000 公斤的玫瑰花花瓣，只能萃取 1 公斤的玫瑰精油，因此，玫瑰精油的价格在国际市场上比黄金还高！萃取出来的玫瑰精油不能直接使用，必须经过稀释加工后才能使用。种植玫瑰花在保加利亚已有 300 多年的历史，它已成为保加利亚的一个象征。

吉利的象征——百合花

尼加拉瓜、古巴、法国、智利的国花都是百合花。17世纪，法国武士作战的盾牌上都刻有百合花图案，在法国文豪大仲马的巨著《三剑客》中，也将百合花视为吉利的象征，隐喻着武士们有朝一日能凯旋，所以法国人将百合花视为国花。

智利的国花是戈比爱百合花，其中流传着一则令人动容的故事：16世纪，智利阿拉乌干部族在民族英雄劳塔罗的领导下，与西班牙殖民者进行一场斗争，正当侵略者即将败北时，却因一场内讧，使劳塔罗和他的3万名战士惨遭敌人埋伏，全部战死疆场；隔年春天，在战士牺牲的土地上，开遍了红色的戈比爱百合花。智利人民认为，这是因为英雄的鲜血感召，大地才会开出如此红艳的戈比爱百合花。

200年后，有人在智利看到戈比爱百合花，为其炫目色彩大感惊艳，进而把它移植到法国，但不论如何细心照顾，花朵却总是枯萎，智利人民因此对戈比爱百合花更加珍爱。戈比爱百合花的花期很长，从早春到冬至，鲜艳不枯。一簇簇火焰般的美丽花朵，反映出智利人民鲜明坚强的民族性，更是智利人民争取独立自由的象征。

罗马尼亚的1,000元纸钞（图1-8），上面也印有百合花图案。

图1-8

图 1-9

鸡蛋花——永远的夏天

鸡蛋花的花期为每年的 4 月起，并延续到 11 月或 12 月，因花冠部分洁白，且花心为黄色，犹如蛋白与蛋黄而拥有鸡蛋花的美称，其别称还有"缅栀""鹿角树"或"番仔花"。图 1-9 老挝的 100,000 元纸钞，中下侧印有鸡蛋花图案，它是老挝国花。

印加魔花——向日葵

向日葵的英文名字是 Sunflower，即太阳花，原产于中美洲、秘鲁。

秘鲁将向日葵定为国花，系因秘鲁是向日葵的故乡，它还和一个传说有关：公元 12 世纪，曼科·卡帕克率领一群人往日出之处出发，最后在秘鲁高原创建了印加帝国。印加帝国的语意即是"太阳的子孙"。

另外，玻利维亚及俄罗斯也都尊向日葵为国花。

在秘鲁，向日葵用来供奉神祇，也作为女祭司胸牌、发冠上的装饰。

向日葵也被称为"秘鲁黄金花"，每年为期九天的"太阳节"，更以向日葵为主要象征花卉，他们赞誉自己的国家为"太阳国"，称向日葵为"印加魔花""迎阳花"，秘鲁人甚至将该国的货币称为"太阳币"。

　　图 1-10 为秘鲁的 10 元钞票，以向日葵丰收的景象，来
代表秘鲁的生生不息。

　　荷兰的 50 元纸钞上印有美丽的向日葵图案（图 1-11），
黄澄澄的色彩鲜艳夺目，如同一张美丽的明信片，一点都不
像是流通的货币，这在世界各国所流通的纸钞中是比较罕
见的。

图 1-10

图 1-11

「花」非「花」，

「树」非「树」，

原来花有所指，

树也有所喻！

zonnebl—

de nederlandsche bank

vijftig gulden

图 1-12

无穷花——木兰花

朝鲜的国花是木兰花（韩国是木槿花），花期很长，从春天开到秋天，一花凋落，一花又开，因此又名"无穷花"。朝鲜即以它这种特质，来代表朝鲜民族虽然历经万劫，但仍能坚强挺立的精神。而其洁白的花瓣象征朝鲜民族诚实廉洁的品格，粉红色的花蕊则代表朝鲜民族热情积极的民族性。

图 1-12 为朝鲜的 200 元纸钞，在纸钞的正中央有三朵美丽的木兰花，象征朝鲜民族的长久繁荣。

图 1-13 为韩国的 1,000 元纸钞，人像背后之"明伦堂"左上即为木槿花。

图 1-13

图 1-14

美丽三月雪——樱花

日本有"樱花之国"的美称，而"木花开耶"也代表樱花之意。1000多年前有位名为"木花开耶姬"的美丽姑娘，从冲绳出发，到达北海道，把象征爱情和希望的樱花撒遍各地；自此，春天一到，有樱花的地方都能为人带来希望。

樱花花开，一开始是数朵，当天气暖和时，满树樱花便瞬间盛开。樱花要满开，通常是从一朵花开后过7天，而满开也只能维持6天。日本人喜欢樱花的纯洁典雅，更欣赏它那毫不迟疑的开谢过程，意识到人到高峰，就要急流勇退；武士将樱花的瞬开瞬落当作"视死如归"的气概，败北的武士会选择在樱花树下切腹自尽。在日本人的观念里，认为人生和樱花一样短暂，生与死都应该是一场轰轰烈烈的事迹。

樱花与富士山都是日本人重视的典范，也是民族精神的象征。图1-14是日本的1,000元纸钞，钞票的左上方是富士山，而左下方则是日本国花——樱花，两者都极富日本精神。

复活之神——莲花

泰国、孟加拉国、斯里兰卡、埃及的国花都是"睡莲"，睡莲是世界最早的被子植物之一，化石显示，已有 15000 万年以上的历史。睡莲可依开花时间分为两大类，有清晨开花，下午合上的昼开睡莲；以及晚上开花，到隔天上午合上的夜开睡莲。古埃及、古印度文化中，都有关于睡莲的记载。

古埃及人将莲花当成亲友互赠的物品，也将莲花刻印在日常用品上，作为一种美丽的饰物，甚至帐篷布面、屋宇墙垣和柱子上都有莲花图案。古埃及人认为莲花出淤泥而不染，花香淡雅悠远，是神灵之花；它更是"复活之神"，能让人起死回生，因此木乃伊身旁都会放置莲花。根据古埃及传说，莲花代表爱情忠贞，智慧之神托特的妻子埃赫·阿慕纳曾经献一束莲花给丈夫，以表示她忠贞的爱情。

图 1-15 是孟加拉国的 1 元纸钞，纸钞背面的圆形图案中，有一朵在水中盛开的莲花。

图 1-15

图 1-16

史上最具影响力的植物——罂粟花

　　罂粟花别称鸦片花、大烟花，又因其种子似米状而称御米、米囊花。

　　罂粟原产于欧洲，在唐朝时经由大食人进贡而传入中国。学名为
Papaver，其字首 Pap 在拉丁语中，有"会分泌乳白色树液的植物"
之意；种名则是由拉丁语 Somnus（睡眠之意）而来，系指它的乳汁
含有极强的麻醉作用。花有其药用价值，罂粟传入中国后，即以药草
植物为人所栽植，大多用来作为止痛、止泻和润肠剂。

　　图 1-16 为马其顿共和国的 500 元钞票，其中的图案是制造鸦片
的罂粟花，主要是彰显该国国王亚历山大于公元前 332 年征服西亚的
"丰功伟业"，他将罂粟与鸦片传入波斯与印度，使之成为历史上最具
影响力的植物之一。

图 1-17

篱笆树——金合欢

金合欢英文名是 Sweet Acacia，金合欢属的植物多达 700 种，澳洲人通称为金合欢树。金合欢有羽状复叶，花丝细长，花季一到，满树簇集而生的花苞就像金黄色的绒球。金合欢是一种高经济价值的树种，其花朵可提炼成芳香精油，是香水或化妆品的原料，花朵晒干后可制成花茶；果荚、树皮含有单宁，可作为染料；茎中流出的树脂可供药用；根部长有根瘤菌，可增加土壤肥沃度。

金合欢又昵称"篱笆树"，因为在澳洲首都堪培拉市，家家户户都用金合欢树做成篱笆，每逢花季，一片金黄翠绿的花海立即成为屋前美景。1981 年 9 月，在澳洲雪梨市召开的第 13 届国际植物大会上，主办单位以一枝娇艳的绿色金合欢作为大会象征，不论是发给贵宾的纪念品、论文摘要和日程表，甚至连工作人员的服装上都有金合欢的图案。

澳大利亚 5 元钞票的正面是伊丽莎白二世，肖像的左方即为澳大利亚国花——金合欢（图 1-17）。

夏威夷女郎的最爱——扶桑花

扶桑花是马来西亚国花，当地人称为"大红花"，花朵鲜艳夺目、姹紫嫣红，内五瓣、外五瓣，喜欢日照充足的环境，是典型热带花卉。扶桑花适合摆设于客厅及入口处，也是夏威夷的州花，夏威夷女郎常将其佩戴在耳朵上，更添妩媚动人。

图 1-18 为马来西亚的 50 元钞票，醒目的红色扶桑花让人为之惊艳。

图 1-18

　　除了美丽的花朵可以象征一个国家的精神，雄伟的树木亦可代表国家，我们姑且称它为国树吧！例如，黎巴嫩的国树是雪松，印度是菩提树，墨西哥是仙人掌，加拿大是枫树，新西兰是银蕨，缅甸是柚木，马达加斯加是旅人树。

国树

　　图 1-19 为塞拉利昂的 10,000 元纸钞，钞票上印有非洲狮子山的国树——棉花树（cotton tree），该树象征自由。它是观赏用，不能食用，其果实产生之棉絮可制作棉被。

图 1-19

仙人掌

神秘多刺的仙人掌，是墨西哥的国树，走在墨西哥的大街小巷中，随处都可看到仙人掌，或是与仙人掌相关的生活用品，因此墨西哥素有"仙人掌王国"的美称。

墨西哥有一则关于仙人掌的故事：多年前，异族入侵墨西哥，一位母亲被杀，深受丧母之痛的儿子为了替母亲报仇，却不幸被捕，心脏还被挖出来丢弃在地上，不料这颗心却长出一大片仙人掌。故事中的母亲象征墨西哥，而仙人掌则代表着墨西哥人威武不屈的气魄，所以仙人掌在墨西哥人心中有长青不凋的含意。在墨西哥的国旗、国徽和纸钞上，都绘有一只雄鹰，它叼着蛇，并傲踞于仙人掌上。图 1-20 是墨西哥的 5 元纸钞。仙人掌的茎可以酿造墨西哥名酒——龙舌兰酒。

笔者与妻在墨西哥与巨无霸仙人掌合影

图 1-20

上帝之树——雪松

在黎巴嫩的国旗、国徽、纸钞中都挺立着一株绿色大树，这是黎巴嫩国树——雪松。图1-21为黎巴嫩的100元纸钞，背面印着一片雪松林，正中央的这棵雪松树干粗壮挺直，树冠是三角形，像尖塔的形状，秀丽中更显刚劲肃穆，反映了黎巴嫩人民挺拔强劲的民族性。

雪松（学名 Cedrus libani）是常绿乔木，树形高大，在黎巴嫩人民心中占有极重要地位。黎巴嫩是地中海东岸的山中小国，境内多山且常年积雪，这里山高雾浓适合雪松的生长，所以古埃及人把黎巴嫩山区称为"雪松高原"。首都贝鲁特附近的雪松公园，可欣赏到雪松的劲拔高耸。这座公园位于海拔2000多米的山顶，园内遍植雪松，其中6000多年树龄的雪松有数十株之多。《圣经》中把雪松称为"植物之王"，古代的腓尼基人则认为雪松是上帝所栽种的植物，因此称它为"上帝之树"或"神树"。

雪松也是上等的建筑材料之一，它的木质坚硬、纹路美丽、抗腐性强、耐虫咬，具有淡淡的清香。在古埃及、亚述、以色列、巴比伦的宫殿和神庙里，都可见到雪松的踪迹。雪松也是造船的上好木料，腓尼基人能航海到各地经商，除了有丰富的航海知识外，或许也和他们使用雪松造船有关。雪

图1-21

图 1-22

图 1-23

松木质坚硬，在大海里航行更有保障，根据史料记载，在公元前 2500 多年前，埃及人建造了一艘著名的太阳船，就是用雪松建造的。此外，雪松还参与了古埃及人的宗教仪式，从考古文物中发现，作为法老殉葬品用的船只或船桨，都用雪松制作，因此又被称为"死者的生命"。

图 1-22 是马达加斯加国树——旅人蕉，笔直树干上有坚硬阔叶，可供旅人纳凉，叶子或树干折下或划割，汁水涌出任人畅饮，消除旅途口渴。

图 1-23 是缅甸国树——柚木，它的木质坚硬，代表坚强不屈的民族精神。柚木纹理美观，不易断裂、不会蛀蚀，是建筑与家具木料之上品，畅销全球。

刻下光荣的勋章

2

有人只当了三年的皇帝，
有人则以女性之姿开疆辟地，
借由钞票这个场记，记录这些历史大战。

BANK·I

曾是英雄，却抑郁而终

苏加诺（Bung Sukarno，1901—1970）是印尼的国父，也是第一任总统。

苏加诺外形潇洒，善于演说，其革命演说极具感召力。关于他的私生活有各种轶闻和故事，传说他至少结过6次婚，第三任妻子为日本影星黛薇

（Dewi）。他在外国势力和印尼右派势力的威胁下黯然下台，最后被幽禁，抑郁而终。他的女儿梅加瓦蒂（Megawati Soekarno Putri）在 2001 ～ 2004 年担任印尼总统。

图 2-1 的印尼 500 元纸钞，即以苏加诺为主角。

图 2-1

图 2-2

"华印巫联盟"的首胜为独立奠基

东姑阿都拉曼（Tunku Abdul Rahman，1903—1990）为马来西亚的国父，他耗费半生心力，才让马来西亚脱离英国的统治而独立。

在历史上，马来半岛曾历经葡萄牙、荷兰、英国、日本等国的统治。英国于 1950 年允许马来西亚实施地方议员选举，一直到 1955 年，马来西亚才正式举行全国大选，由东姑阿都拉曼所领导的"华印巫联盟"获得胜利，东姑阿都拉曼因此成为马来西亚第一任首相，继续带领马来人民奋斗，终于在 1957 年 8 月 15 日，马来半岛的十一州正式与其宗主国——英国协议，从此脱离英国统治，享有真正的独立。

图 2-2 是印有东姑阿都拉曼肖像的马来西亚 1 元钞票。

印有胡志明雕像的明信片，他是越南人民心中最想介绍给游客的伟大英雄。

一生颠沛流离，只为越南独立

胡志明（Hồ Chí Minh，1890—1969），原名阮必成，参加革命初期改名阮爱国。1858年，法国军队入侵后，越南沦为法国殖民地。1941年，胡志明成立"越盟"对抗法国政府，因一再被压制而转入地下活动，不久后逃离越南。第二次世界大战时，日本利用法国大军败逃之际，乘隙占领越南，1942年化名"胡志明"赴中国与越南抗日力量联系。1944年，胡志明潜回北越，发动民众组织武装游击队；日本投降后，越南宣布独立，接着又成立"越南民主共和国临时政府"。不久，法国再次攻陷越南的河内，胡志明被迫逃入山区藏匿。

1954年，越共终于打败法国，取得最后胜利，并签署日内瓦停战协定，以北纬17度将越南分隔为南、北越；北方为胡志明领导的"越南民主共和国"，南方为吴廷琰领导的"越南共和国"。胡志明为领导越南之统一，艰苦革命生涯，损害健康，1969年病逝，未及看到1975年越南统一。

胡志明为越南的独立贡献其一生，越南的1,000元纸钞上印着他的肖像（图2-3），越南人民也以国父来尊称这位民族英雄。

图 2-3

图 2-4

政治与宗教的混乱斗争

穆罕默德·阿里·真纳（Muhammad Ali Jinnah，1876—1948）以毕生精力创建了巴基斯坦，是巴基斯坦民族独立运动的领导人，也是巴基斯坦首任总督及第一位总统，他的生日更是巴基斯坦的国定假日。

巴基斯坦的纸钞上几乎都印着穆罕默德·阿里·真纳的肖像，图 2-4 是巴基斯坦的 100 元纸钞。

"天才战术家"的思维

土耳其在中世纪为奥斯曼帝国，曾雄霸一方，到 19 世纪末却沦为西方列强瓜分的殖民地。在这混乱的时期，穆斯塔法·凯末尔·阿塔图尔克（Mustafa Kemal Atatürk，1881—1938）组织一群青年军团，倡导革命思维，却不幸遭人密告而被逮捕。1907 年，凯末尔脱离监控的生活后，发展青年土耳其党。1923 年，土耳其共和国成立，凯末尔当选为共和国第一任总统。

凯末尔担任总统后，实行一系列政治、经济和社会改革，土耳其国民议会为表彰凯末尔的巨大贡献，授予"阿塔图尔克"为其姓氏，意思是"土耳其之父"。

图 2-5 是土耳其的 100,000 元的纸钞，上面印着凯末尔的肖像，铭刻其功勋。

图 2-5

美国国父

乔治·华盛顿（George Washington, 1732—1799）是美国的首任总统，被尊称为美国国父。华盛顿领导美国大军在 1775 年 7 月参加独立战争，他为美国人民取得民主独立后，便功成身退放下军权，返家务农。1789 年，华盛顿当选为美国第一任总统。

美国联邦党国会议员亨利·李称赞华盛顿："他是战争中的第一人，和平中的第一人，他的同胞心中的第一人。"美国的 1 元纸钞上保留着华盛顿的肖像（图 2-6）。

图 2-6

图 2-7

拉丁美洲的伟大英雄

委内瑞拉位于南美洲北部,为南美洲第六大国。委内瑞拉历经几次分崩离析后,于1821 年获得独立,这一切都要感谢被誉为"拉丁美洲的伟大英雄"的西蒙·玻利瓦尔(Simón Bolívar, 1783—1830)。是他带领人民对抗西班牙侵略者,并且与哥伦比亚、厄瓜多尔共组大哥伦比亚共和国,不久,委内瑞拉在1830 年退出共和国,才真正地独立。

图 2-7 是委内瑞拉的 5 元纸钞,左侧为西蒙·玻利瓦尔的肖像,右侧是其爱将苏克雷的肖像,当选过玻利维亚第一任总统。

图 2-8

驱逐侵略者的胡亚雷斯

以阳光、热情闻名的墨西哥，曾经是美洲大陆的文明古国，在16世纪西班牙人登陆前，为印第安阿兹特克帝国所统治，当时的帝国拥有进步的天文、历法与建筑技术，直到如今，我们仍可在墨西哥国土上发现当时的文化遗迹。

实际上，墨西哥人民争取独立的过程，是一部坎坷又辛酸的血泪史。历经西班牙的高压统治后，墨西哥人民在1810年，为了争取独立，曾经和西班牙殖民者进行一场战争，但是

独立后的墨西哥，其国土却渐渐缩小，有些土地还被廉售出去，或直接割让给美国。在1860年代，墨西哥又被法国军队占领，幸好在墨西哥英雄贝尼托·胡亚雷斯（Benito Juarez，1806—1872）的领导下，墨西哥人民终于一举赶走了侵略者，从此获得独立，而胡亚雷斯也被尊为墨西哥国父。

图2-8为墨西哥的20元纸钞，右边印着胡亚雷斯的肖像，纪念他为墨西哥所贡献的一切。

造就三个国家的英雄

圣马丁（San Martin，1778—1850）是阿根廷、智利和秘鲁三国的共同
国父，是一位特别的英雄。他的父亲是兵团司令，圣马丁 14 岁时前往西班牙
学习军事，学成后，经英国再回到出生地阿根廷拉普拉塔的亚佩尤，之后他领
导人民一举推翻西班牙殖民政府，更解放阿根廷，让阿根廷在 1816 年宣告独立。

稍后圣马丁再整军攻下今天智利的首都圣地亚哥，也解放了今天的智利。

接着圣马丁从智利组成舰队往北边远征，在远征中又解放了秘鲁，再次缔
造了另一个新兴独立的国家。圣马丁因此成为阿根廷、智利和秘鲁三国共同的
国父。图 2-9 是阿根廷的 5,000 元纸钞，上面为圣马丁肖像，感念他造就了三
个国家。

图 2-9

甘地纪念馆内的甘地及尼赫鲁

将甘地捧在手心上的印度

甘地是印度民族解放运动的伟大领袖，也是"甘地主义"的创立者。甘地一生饱经忧患，他出生时，印度正处在英国统治的环境下。甘地生长在一个虔诚的印度教家庭，全家人信奉仁慈、茹素、苦行的教条。19岁时，他冒着被开除种姓身份的风险，远渡重洋，负笈英国伦敦求学。

在印度全民反英的激烈情势下，甘地率先发动群众，抵制殖民政府设立的立法机构、法院、学校、封号与洋货，称为"非暴力不合作运动"。之后，扩大为全民反帝国主义。在他坚持不懈的努力下，印度最终赢来了独立。他所展现出的强大精神力量，几乎影响了整整一代印度人。

印度的钞票上几乎都印着甘地的肖像，图2-10的500元纸钞就是一例。因此，我们也可以说广大的印度民众是以另一种形式将这位国父捧在手心上。

图2-10

冰岛国父兆恩·西古德森

冰岛国父、独立运动的领导者是乔恩·西古德尔逊（Jon Sigurdsson，1811—1879）。

冰岛原为丹麦属地，在 19 世纪中叶于乔恩·西古德尔逊领导下，以民族主义号召要求独立，1849 年丹麦准予自治，尔后冰岛独立，尊其为国父。

图 2-11

南非国父曼德拉

纳尔逊·曼德拉（Nelson Mandela，1918—2013），曾于 1993 年获诺贝尔和平奖，为首位南非黑人总统，被誉为南非国父。

纳尔逊·曼德拉在从事律师工作时，目睹南非的种族隔离政策，挺身反抗，下狱 27 年，因国际舆论压力而获释。在南非人的心目中，成为国家英雄。在 1994—1999 年担任南非首位黑人总统。

图 2-12

最具远见的彼得大帝

俄国最具远见的沙皇是彼得大帝（1672—1725），他所制定的政策，使俄国一跃成为一个强国。他的先见之明改变了历史，如果没有彼得大帝，土耳其当时就会想尽办法把俄国境内的中亚地区纳入自己的版图，成为威胁俄国存亡的强国。

彼得大帝铜像

图 2-13

彼得大帝仪表非凡、精力充沛，实施富国强兵政策，曾发动北方战争，战胜瑞典，取得波罗的海出海口，并对波斯战争，取得里海沿岸一带，二次对土耳其战争，占领黑海港口。

他推行一系列改革措施，把俄国从一落后农奴制国家，推入现代世界。

这张500元的俄国纸钞，长29厘米，宽13厘米，是世界上最大面积的钞票（图2-13）。在100多年前钞票上就有"浮水印"，可见当年制钞技术已相当卓越超群。

图 2-14

以女性之姿再造帝国巅峰

叶卡捷琳娜二世（1729—1796），原是德国北部小邦的公主，透过两国联姻政策，于1744年嫁给俄罗斯王储彼得三世；她在丈夫即位一年后，便发动一场惊天动地的宫廷政变，以取而代之。她在位34年，杰出的政治成就常被拿来与彼得大帝相提并论，在历史上又称为凯瑟琳大帝（即叶卡捷琳娜大帝）。

凯瑟琳在军事上，延续彼得大帝的政策，对外发动好几场轰轰烈烈的战争，缔造了"俄罗斯帝国"的极盛时期，让俄国版图不断扩大，并跻身欧洲列强之林。曾三次瓜分波兰、并吞克里米亚、重挫奥斯曼帝国，把美洲的阿拉斯加划入版图，建立起横跨欧、亚、美超大帝国。在文治上，凯瑟琳引进西方文化、艺术、音乐、思想，并鼓励出版创作，使圣彼得堡的人文艺术气息浓厚。但法国外交官在赞叹凯瑟琳收藏艺术品之余，却也讥讽她只会纯然模仿欧洲、全盘西化，而完全忽略了俄罗斯本身的文化传统。

图2-14即为印有凯瑟琳大帝肖像的100元纸钞。

当代在位最久的国王

普密蓬·阿杜德（Phumiphon Adunyadet，1927—2016）是当代世界在位时间最长的国王，也比中国五千年历史任何皇帝在位时间要久（康熙61年、乾隆60年、汉武帝54年）。1927年于美国马萨诸塞州出生，是泰国前任国王——拉玛八世阿南塔之弟；1946年6月9日，前任国王遭到暗杀后，普密蓬继承王位，为拉玛九世；同年6月，他又赴瑞士洛桑大学继续学业，至1951年12月才正式回国接任王位。

泰皇普密蓬在位超过70年。这70多年中，泰国历经多次政变，换过不少位总理、屈指难数的内阁，在变幻莫测的时局中，普密蓬凭借其过人的胆识与智慧而屹立不摇。他陪伴泰国人民历经诸多磨难，一直是人民心中的庇护之神，因此广受泰国人民爱戴。他是一位文武双全的国王，精通多国语言、出版著作、获得音乐博士学位，还获得多项欧洲发明奖，更是快艇和风帆好手，曾代表泰国参加国际快艇赛，亦曾驾风帆横渡泰国湾。

泰国发行的纸钞上，有好几张都印着这位国王的肖像，其中20元的

图 2-15

图 2-16

绿色纸钞上是普密蓬年轻时的肖像（图2-15）；60元方形纸钞（图2-16）的发行，是为庆祝泰皇60岁诞辰，黄色60元纸钞（图2-17）的发行，则是为了庆祝普密蓬在位满60周年。图2-18为"普密蓬国王84周年诞辰"纪念钞，于2011年12月2日发行。

在84周年诞辰发行原因为：泰国系以12为一个周期单位（60、72、84、96），因而在此时发行了此张纪念币。他于1946年登基，2016年10月13日逝世，在位逾70年，在历史上仅次于法国路易十四（长达72年）。

图 2-17

图 2-18

擅于创造幸福的国王

世界上最英俊的国王是不丹的国王——旺楚克，他将这个位于喜马拉雅山山麓的小国，打造成人民幸福指数 TOP 10 之一的国家。这里的人民 GDP 不高，但他们却感觉生活很幸福。值得一提的是，这位英俊的国王娶了四位美丽的王妃，她们全来自同一个家庭，是亲姊妹。

旺楚克国王创造的"不丹模式"及其提出的"国民幸福总值"理论，受到国际社会高度关注。所谓"不丹模式"，就是注重物质和精神的平衡发展，将环境与传统文化的保护置于经济发展之上；政府甚至规定每人每年最少要种植 10 棵树。

2008 年，旺楚克国王宣布退位，把王位传给长子基沙尔。这位新王生于 1980 年，身高逾 1.8 米，英俊挺拔，在美国波士顿大学和英国牛津大学完成学业后回到不丹，深受国内人民爱戴。

不丹的纸钞上都印有旺楚克国王父子的英俊肖像，图 2-19 和图 2-20 的纸钞为老国王的肖像，图 2-21 和图 2-22 则是新国王。不论是哪位国王，他们在不同钞票颜色的衬托下，同样散发出迷人的魅力风采。

图 2-19

图 2-20

图 2-21

图 2-22

图 2-23

不可思议！国王竟被降为平民

尼泊尔是南亚喜马拉雅山南麓的内陆小国，地处偏远，与外界接触不易，人民的生活仍处在农业社会。沙阿王朝从 1769 年就开始统治尼泊尔，大部分国民信奉印度教，全国弥漫着浓厚的宗教气息。国王被认为是印度教三大神之一的化身。长久以来，国王除了处理政治，在宗教和社会事务上皆具有举足轻重的地位。

2001 年 6 月 1 日，尼泊尔王宫发生震惊国际社会的惨案。当晚皇室举行一次重大家庭会议，否决了皇储迪彭德拉想娶前政府部长女儿为妻的请求。婚姻不被祝福的迪彭德拉竟在晚上 10 时 40 分闯进王宫，展开一场激烈的抗议行动，他手持枪械击毙了 10 多位王室成员。血案之后，由已故国王比兰德拉之弟贾南德拉继承王位，成为沙阿王朝第 12 代君主。

贾南德拉在位期间极为短暂。2005 年，贾南德拉因解散政府、独掌大权，使得支持率跌到谷底。2008 年 5 月 28 日，尼泊尔制宪会议举行第一次会议，宣布废除君主制，改为联邦民主共和国，取消对国王贾南德拉的特别待遇，甚至将他降为平民。从此，尼泊尔的国王走入历史。

图 2-23 尼泊尔 500 元纸钞上印有已故国王比兰德拉的肖像，图 2-24 的 10 元纸钞则是尼泊尔最后一任国王贾南德拉的肖像。

尼泊尔比兰德拉国王与皇后

图 2-24

文莱王族

名列世界富豪榜的苏丹

文莱是亚洲的古老国度,建立于公元8世纪,为伊斯兰国家;位于全世界第三大岛婆罗洲的西北部,地处马来西亚东部的沙捞越、沙巴之间。1838年,文莱因腹背受敌而割让了许多土地,终至1890年面积只剩5765平方千米。1929年,文莱境内发现了丰富的石油,成为产油国家,文莱人民生活就此走向富裕繁荣。

根据美国2016年《福布斯》杂志的世界国王财富排行榜,第一名是沙特阿拉伯国王,第二名是文莱国王,第三名是阿联酋国王,英国女王是第七名。文莱这位多金的国王每次出现在国际媒体上,多以财富博得版面。

　　2005年时，58岁的哈桑纳·波尔基亚在马来西亚首都吉隆坡举行了秘密婚礼，迎娶他的第三任妻子——年仅26岁、马来西亚前新闻主播阿兹里娜斯·玛扎尔·哈齐姆。下页图是文莱1元纸钞（图2-25），其上的肖像即是文莱苏丹波尔基亚。

图 2-25

图 2-26

在"欧洲阳台"治国，别有一番风味

西欧小国卢森堡，其国民所得极高，位居欧洲十字路口，具重要战略地位，当地都市景色与地形地貌合而为一，美不胜收，有"欧洲阳台"之称。

现任国王为亨利大公，于 2000 年 10 月 7 日继位，他入股银行与矿山，拥有许多股票，并投资许多国际大公司，其财产估计有 50 亿欧元之多，在全世界国王财富排行中名列第六。图 2-26 是卢森堡 100 元纸钞，印有其肖像。

图 2-27

英国女王蜡像

优雅风采令人着迷的英国女王

　　英格兰银行于 1914 年将当时的国王乔治五世（George Ⅴ）头像印制在纸钞上后，就此开启了英国钞票印制国王肖像的传统，因此部分英联邦国家的钞票也会印制英国国王的肖像。

　　英国皇室在英国人眼里是英国文化的代表，因此英国女王伊丽莎白二世（Queen Elizabeth Ⅱ）在英国人民心中的地位一直是崇高不已的。女王于 1926 年在伦敦出生，是英国温莎王朝第四代君主，也是当代在位时间第二长的国家元首，仅次于 1946 年即位的泰国国王普密蓬·阿杜德；她是英国在位时间最长的君主，在 2015 年 9 月 9 日打破维多利亚女王在位 63 年 7 个月的纪录。英国女王的全称为"大不列颠及北爱尔兰联合王国与其他国土和领地之女王，联邦的元首"，亦即除英国外，女王同时也是澳洲、新西兰、加拿大等国家的元首。

女王自幼在宫中接受教育，主修宪法史和法律。1947年，她与远房表兄——希腊和丹麦亲王菲利普·蒙巴顿中尉（现为爱丁堡公爵，菲利普亲王）结婚，她在1952年乔治六世国王逝世后继承王位。

伊丽莎白继位初期，许多人认为"新伊丽莎白时期"即将到来，事实上，伊丽莎白面对的英国是一个分崩离析、组织松散的联邦政府，她仅能努力维持前殖民地与英国的关系。在政治上，她从未公开表达对政治的看法，但也竭尽所能地与所有政党保持友好关系。

加拿大发行的2元纸钞上印有伊丽莎白女王年轻时的肖像（图2-27）；20元钞票上的肖像则是伊丽莎白女王的中年时期（图2-28）；第三张纸钞为斐济的10元纸钞（图2-29），其上为女王年老时的肖像。不论年纪如何，这位女王的优雅风采依旧令人着迷。

图 2-28

图 2-29

体重是权位和美丽的象征

汤加全名为汤加王国（The Kingdom of Tonga），位于南太平洋靠近赤道附近，是由172个岛屿组成的岛国。1875年实施君主立宪制至今。1900年曾是英国的保护地，于1970年6月4日取得独立，为联合国第188个成员国。汤加王国原是南太平洋中最后一个君主体系的国家；汤加国王图普五世于2012年病逝香港，由其弟图普六世继承王位。

在汤加，体重是权位和美丽的象征，因此，要判定一个人的社会地位，可以先从他的体形来做观察。汤加国王图普四世（Taufa'ahau Tupou IV，1918—2006），身高190厘米。就权势而言，图普四世是个尊者；就体形来说，他更是尊者中的巨人。1976年，更因体重突破209.5公斤，而成为吉尼斯世界纪录中全球最重的君主。

图普四世晚年，整个王室家族掌控了国家，独占许多经济事业。汤加1元纸钞上即印有图普四世的肖像（图2-30）。

图 2-30

图 2-31

图 2-32

最富有的国王

沙特阿拉伯虽拥有整个阿拉伯半岛 80% 的土地,但偌大面积却只有 1% 的耕种土地,内陆放眼望去,尽是大片沙漠。直到 1938 年,在沙特阿拉伯地底下发现石油,才改变该国的命运。

沙特阿拉伯兴起于 1750 年,其家族不断与埃及、奥斯曼帝国发生冲突。沙特阿拉伯能真正成为一个独立的国家,是由国王阿卜杜拉·阿齐兹·阿勒绍德（Abdullah bin Abdulazīz）争取而来的。1926年，阿卜杜拉担任国王后，隔年即与英国签署《吉达条约》，使沙特阿拉伯正式脱离英国而取得独立。沙特阿拉伯是个政教合一的君主制国家，《古兰经》是该国的最高宪法。

图2-31的100元纸钞与图2-32的5元纸钞上都是法赫德·本·阿卜杜拉·阿齐兹国王的肖像。他幼年曾在宫廷接受伊斯兰教育，后在欧美接受高等教育。他于1982年即位，（在位期间采取了一系列改革措施，以适应国内外形势变化的需要，领导沙特阿拉伯度过了历史上的动荡时代。）2005年8月1日病逝于首都利雅得的医院，享年84岁。在其死讯发出后，沙特阿拉伯全国停止电视广播，改播诵读《古兰经》经文哀悼。

沙特阿拉伯的王位继承是采"兄终弟及"，因此法赫德过世后，由其弟阿卜杜拉·本·阿卜杜勒·阿齐兹继位为第六任国王。

法赫德国王在世时有两件事最令人津津乐道：一是他有5名妻子，其中3个已离婚，共有14名儿女；此外是他拥有傲人的财富，在全球多位国王之中居冠，高达250亿欧元。

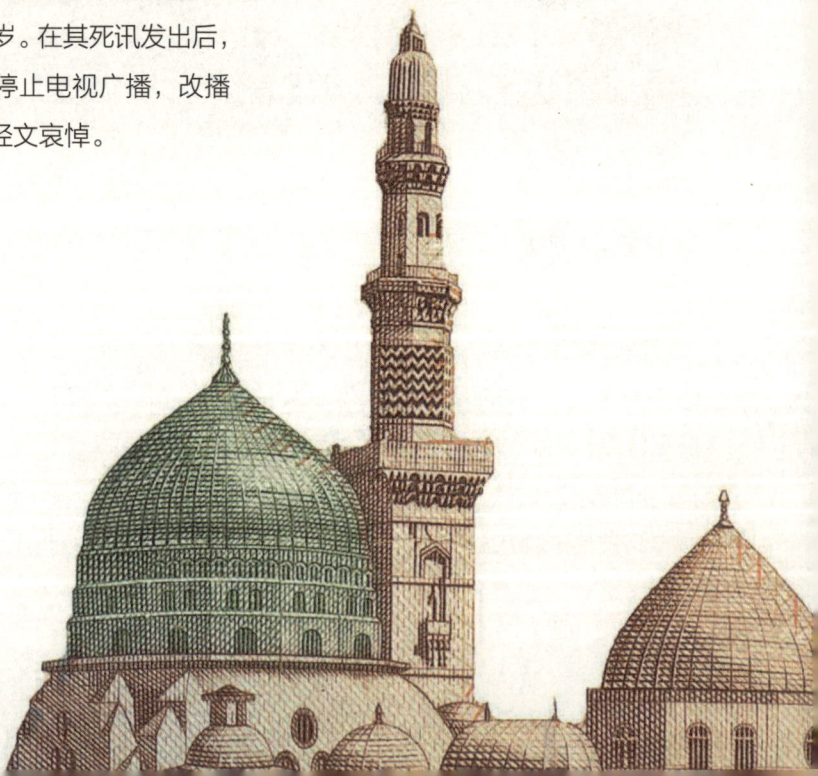

图 2-33

铁腕改革，创造新沙漠王国

2005 年 8 月 1 日，法赫德国王因病逝世，由阿卜杜拉继承王位。他继位后，即祭出"铁腕"，采取一连串的改革措施。他设立最高经济委员会管理社会经济、制定政策鼓励外资入驻、设法创造就业机会，还经常微服私访，体察民情，甚至严格限制王室的铺张浪费。

阿卜杜拉喜好读书和旅行，并获菲律宾的大学博士学位。他极为推崇阿拉伯民族文化，特别是阿拉伯半岛特有的文化传统，并亲自创建阿拉伯马术队。每年春天更举办具有浓厚民族特色的"吉纳达里亚"文化艺术节，成为国家和民间的一大盛事。

沙特阿拉伯的 1 元纸钞上，即印有这位国王的肖像（图 2-33）。

但阿卜杜拉接任第六任国王已逾八十高龄，于 2015 年过世，由 25 弟萨勒曼国王接任（1935 年出生），一般新王登基常会发行其肖像之新钞。

图 2-34

废父登基，也废除陋习

阿曼苏丹卡布斯·本·赛义德（Qabus Bin Said），生于 1940 年，16 岁远赴英国皇家军事学院留学，但其父王不能接受儿子的先进观念，而将其软禁。卡布斯发动政变，在 1970 年 7 月 23 日废父登基，废除陋习陈规，大力革新，赢得人民的信赖与尊敬。图 2-34 的钞票即印有他的肖像。

北非花园的出色园丁

阿拉伯人曾于 16 世纪时在摩洛哥建立王朝，对现在的摩洛哥历史文化有深远的影响。直至 1956 年，摩洛哥才成为一个君主立宪的独立国家。摩洛哥隔着直布罗陀海峡与欧洲遥遥相望，有"落日之岛"之称。摩洛哥另有一个美丽封号——"北非花园"，这是因为它拥有引人入胜的古迹、现代化的都市，以及旖旎迷人的地中海沙滩和撒哈拉沙漠风情，每年吸引 200 万名观光客到摩洛哥旅游。

图 2-35

摩洛哥的进步繁荣，完全要归功于哈桑二世国王（Moulay Hassan，1929—1999），是前国王穆罕默德五世的长子。哈桑于 13 岁时，在一所中学的落成典礼上，即席发表了第一次公开演讲，指出："除了面包之外，教育是人民的第一需要。"这句话成为摩洛哥家喻户晓的名言。1961 年，哈桑正式继承王位，隔年，哈桑二世颁布摩洛哥的第一部宪法。20 世纪 80 年代中期，哈桑实施国有企业私有化，为摩洛哥的经济发展注入了活力；20 世纪 90 年代以来，他在政治领域内实行改革，修改宪法；在外交上，他努力促进中东和平，为以、阿和谈牵线。

哈桑二世是一位掌有实权的国王，若有人欲夺取政权，必须先将国王赶下台，因此哈桑二世经历过许多谋杀事件，幸好他福大命大，都能逃过一劫，不过却在 1999 年 7 月 23 日因心脏病去世。摩洛哥人民为了纪念这位国王，在 50 元纸钞印上哈桑二世的肖像（图 2-35）。哈桑二世过世后，由其子穆罕默德六世（Muhammad VI）继任王位，他深受人民爱戴，拥有专业治理能力。

20 元纸币上的肖像为现任国王穆罕默德六世（图 2-36）。

图 2-36

地势极高的"空中王国"

非洲南部的小王国莱索托，为南非所包围，面积仅 3 万平方千米，于 1966 年脱离英国殖民统治独立，实施君主立宪，国王为莫舒舒二世（Moshoeshoe II），即 10 元（图 2-37）钞票上的人物，现任国王为莱齐耶三世（Letsie III）。因该国地势很高，有"空中王国"之称，举国人民身穿披毯的国服，戴上以草制成的"国帽"。

图 2-37

图 2-38

选妃日是皇宫重要庆典

斯威士兰是南非境内的小王国，面积 1.7 万平方千米，于 1968 年脱离英国殖民统治独立，成为斯威士兰王国，国王为索布札三世（Sobhuza II，1899—1982），于 1982 年过世；现任国王为姆斯瓦帝三世（Mswati III）（图 2-38）。该国国王地位高不可攀，其最著名的是一年一度选妃日。

军事家与冒险家，一生充满传奇

3

军事家，到底是好战之徒，还是真的在为国为民？

冒险家，是真有毅力还是不经意，在旅途中发现了新大地？

今天咱们就神游一趟，功过论断暂且遗忘！

东方战神

成吉思汗（Genghis Khan，1162—1227）来自蒙古族，是蒙古帝国的奠基始祖。元朝建立后，忽必烈追尊成吉思汗庙号为太祖。成吉思汗原名铁木真，是一位极其杰出的军事统帅。传说铁木真出生时，手中握有一个血块，而铁木真的父亲恰巧在这时抓到敌军的一位勇士，当时的人都相信这个小婴儿来到世上有特殊的能力和使命。

成吉思汗天资聪颖，深富军事才能，用兵如神，他运用了快速骑兵、火炮部队、全民皆兵、军事参谋，往往以少胜多。虽然并非才高八斗，却也无损他驰骋沙场的雄风。他不但统一大漠，结束了数百年的纷争，还创立大蒙古国，他有着"东方战神"的美名。

在蒙古的 500 元纸钞上，即印有这位草原英雄的肖像（图 3-1）。

图 3-2

既是发明家，也是军事家

李舜臣（1545—1598）是朝鲜半岛历史上著名的抗日英雄，他利用自己发明制造的"龟船"，在丽水一带与日寇作战，重创日军，为保卫祖国江山立下大功。

1592 年，日本战国三雄之一的丰臣秀吉入侵朝鲜，李舜臣统帅朝鲜水军打败日军，不久即因谗言陷害，一度入狱。1597 年，日本又出动 14 万兵力进攻，就在朝鲜濒临危难之际，李舜臣再次被朝廷重用，率朝鲜官兵和来自中国明朝的援军共同御敌，重创日军。1598 年在鸣梁海一战中，他和中国水军总兵邓子龙共同指挥朝、中联合舰队大败日军，却在此役遭遇岛津家的突袭，为国捐躯。现今在韩国丽水一带仍保有李舜臣当年对抗日军的古战场，为著名的观光地点，也是韩国青少年喜欢聚会踏青的地方。

在韩国的 500 元纸钞上即印有李舜臣的肖像，及其所制造的"龟船"（图 3-2），用以纪念李舜臣生前击败日军的伟大事迹。

图 3-3

　　陈国峻（？—1300），因受封为"兴道王"，故称为陈兴道。越南陈朝南定美禄县即墨乡人，皇族出身，并且是陈朝重要将领。他曾于 13 世纪率领越南陈朝军队，成功击退蒙古军队的两次入侵，成为越南历史上的民族英雄之一。此外，陈国峻对于古代越南的军事学甚有建树，撰有《檄将士文》《兵书要略》等军事作品。

图 3-3 为印有陈兴道肖像的越南纸币。

KẺ NÀO GIA-MẠO GIẤY
VIỆT-NAM PHÁT RA

身残心不残的残疾将军

纳尔逊（Horatio Nelson，1758—1805）在 12 岁时，以学生身份加入英国皇家海军，并随着军舰一起出海航行，这些少年时期的经验，奠定了纳尔逊成为英国海军名将的背景。他虽然在战争中失去右眼和右臂，却以过人的意志领导军队征战，被称为"残疾将军"。在特拉法尔加海战中，纳尔逊运用不同颜色和图形的信号旗，作为舰队之间的联系道具，成为战胜法国舰队的独门秘技。但在这次海战中，却不幸中弹身亡。英国人悲痛之余，聚集在伦敦圣保罗大教堂，为这位英雄举行隆重葬礼，并建造"特拉法尔加"广场，来纪念这位伟大的海上将军。历史证明，这场战役的胜利，不仅粉碎了拿破仑想占领英国的企图，更让英国成为海上霸主。

在英国 20 元的纸钞上印着纳尔逊将军的肖像（图 3-4），就是要后人效法他身残心不残的精神。

特拉法尔加广场

图 3-4

图 3-5

勿以成败论英雄

突尼斯位于非洲北岸，1957 年才成立突尼斯共和国。它拥有悠久的历史与迦太基、罗马和拜占庭时期辉煌的史迹。

汉尼拔将军是迦太基与罗马征战数十年间的一位灵魂人物，在公元前218 年，他是迦太基远征军的总指挥，一路领军北上，以迂回战术引诱敌人，然后取道高卢（法国），凭借过人的领导力和超凡的毅力，带领一大群士兵和 27 只身躯庞大的大象，穿越终年被白雪覆盖的阿尔卑斯山，第一场战役就得到胜利，几乎攻破罗马城，这是有名的"侧击战"。但好景不长，不久之后，汉尼拔和他的军队败仗连连，连家乡迦太基城都被罗马大军攻陷。汉尼拔一路败退到叙利亚，在此自尽身亡。虽然最后汉尼拔还是抵挡不了罗马的大军入境，不过他却完成了一场令人动容的战役。

现在的突尼斯 5 元纸钞上即印着汉尼拔的肖像（图 3-5），可见在突尼斯人眼中并非以成败论英雄。

滑铁卢之役为其画下句点

1769 年 8 月 15 日，诞生了深具传奇色彩的人物——拿破仑（Napoléon，1769—1821）。虽然身为没落贵族，却无减他的雄心壮志。1789 年法国大革命，拿破仑因镇压巴黎暴动，官阶一路爬升，大小战役，战无不胜，攻无不克，成为法兰西一颗大明星。在 35 岁时登上法国皇帝宝座，势力范围遍布欧洲。可惜在 1812 年兵败莫斯科及 1815 年兵败滑铁卢后，被囚禁于圣赫勒拿岛，抑郁而终。

法国 100 元纸钞印着这位军事家的肖像（图 3-6），纸钞上的拿破仑以一副傲然的姿态，睥睨着这世界，眉宇之间流露出君临天下的企图心。

1815 年 6 月 18 日，拿破仑法军与英国威灵顿（Wellington，1769—1852）（图 3-7）统帅的联军，在比利时的滑铁卢展开大决战，投入 14 万兵力，激战 12 小时。在战史上，滑铁卢大战以战线短，时间短，影响大，结局意外著称，结束拿破仑大梦生涯，造就了一代名将威灵顿。"滑铁卢"成为失败的代名词，威灵顿也成为历史上唯一获得七国元帅军衔者。

图 3-6

图 3-7

勇于探索未知的冒险家

"立不败之地，策必胜之谋，存戒惧之心，行犯难之事"是军事家与冒险家的共同行径，因此本单元将要继续研究钞票上的冒险家。

马可·波罗与《东方见闻录》

马可·波罗（Marco Polo，1254—1324）出生在意大利威尼斯的商人家庭，1271年，他与亲友从威尼斯出发，渡过地中海，穿过中国的新疆、甘肃，在1275年到达元朝上都。当时的马可·波罗还是个20多岁的青年，却与忽必烈成了忘年之交。

马可·波罗聪颖好学，不仅了解元朝时期的应对礼节，蒙古语也能朗朗上口，加上他特殊的经历和丰富的见闻，很快地在元朝的官场占有一席之地，担任起重要职务。他甚至被任命为钦差大臣，巡视中国各地、参与外交活动，还代表元朝政府出使过许多国家。因此，他对元朝以及当时中国各地、亚洲各国的情况都有一定的了解。

1292 年，马可·波罗离开中国。不久后，意大利的威尼斯和热那亚两国为了争夺海上贸易权而引发一场大战，马可·波罗投身战场，代表威尼斯参战，在 1298 年被敌军俘虏，囚禁在热那亚监狱。马可·波罗在狱中想起了那段东方的经历，就请同狱的法国作家鲁恩蒂谦帮他写下 20 多年来的奇特见闻，即《马可·波罗游记》，又称《东方见闻录》。该书被翻译成数种文字，风行一时，使欧洲人大开眼界，当时称为"世界一大奇书"。这本书也是研究中国的珍贵资料，几世纪后，更激励出一群欧洲的海上冒险家。

图 3-8 是意大利的 1,000 元纸钞，纸钞上印有马可·波罗的肖像，来时陆上丝路，回程海上丝路，足以证明他是促进东西方文化交流的重要人物。

图 3-8

葡萄牙的海上英雄

500多年前的欧洲是航海家最活跃、最辉煌的时代，当时的葡萄牙王子亨利也是一位航海家，非常希望能比其他国家早一步找到前往亚洲的航道，为葡萄牙带来更多的贸易和财富。1498年，达·伽马（Vasco da Gama，约1469—1524）奉当时葡萄牙国王马努埃·卡斯里维二世之命，率领4艘帆船、160名水手，从里斯本启航，绕过好望角，进入莫塞尔湾，并在此地竖起一根石制标柱，宣示葡萄牙拥有此地的主权。随后又在阿拉伯水手的带领下，抵达印度西部的卡利阜特城，达·伽马亦在此竖立标柱，表示该地的所有权已归葡萄牙。1499年9月，达·伽马终于结束海上旅程，返回里斯本，并带回大量的东方宝石、象牙、香料。

达·伽马这趟海上旅程不但为葡萄牙开辟了通往东方的新航路，也结束了阿拉伯人和威尼斯人长久以来对东方商品的垄断。

葡萄牙的2,000元纸钞上印着达·伽马的肖像（图3-9），纪念这位勇敢的海上英雄曾为葡萄牙带来诸多的经济贡献。

图3-9

图 3-10

发现好望角

1487 年，葡萄牙人迪亚士（Bartolomeu Dias，1450—1500）认为大海的另一端是遍地黄金，因此他追随许多航海家的脚步，带领一群航海员展开一场海上冒险之旅。不久后，他和船员在海上遇到了生平从未见过的狂风暴雨，当时船只正好航行至海洋中对流和逆风最强的位置，整艘船仿佛要进入地狱之门似的。水手深怀恐惧地认为，这是撒旦降临的征兆，都急着要返回葡萄牙，但迪亚士却坚信一定可以到达他的梦想之地，仍决定继续航行。他们经历了千难万险，终于抵达了非洲的最南端，还将其命名为好望角（Cape of Good Hope）。也因为迪亚士一群人发现好望角，而成功开创出一条东方航线，开启了葡萄牙与印度通商的航道，并让葡萄牙战胜当时最强的对手——西班牙。

葡萄牙的 5,000 元纸钞上印着这位勇敢的冒险家——迪亚士的肖像（图 3-10）。

图 3-11

哥伦布发现新大陆

公元 1492 年，西班牙不甘心让充满财富传奇的海洋拱手让人，于是派出航海家哥伦布率领船队，企求能再有一番作为。于是哥伦布（Christopher Columbus，1452—1506）乘坐"圣玛丽亚号"，并指挥着一群经验丰富的领航专家及船员朝西航行，企图寻找到东方的新航线。

哥伦布带领船队驶入大西洋一个多月后，仍不见陆地踪影，就连经验丰富的船员都失去信心了，但哥伦布坚信地球是圆形的，只要一直向西航行，一定能到达传说中的美丽东方（即中国、日本和印度）。在大海继续航行两个多月后，哥伦布的船队发现中美洲巴哈马群岛中的岛屿，即华特林岛，接着又发现了古巴、海地等岛屿。虽然此次航行没有找到真正的中国和印度，却发现了美洲新大陆。

在发现第一个岛屿——华特林岛之后，哥伦布和船员欢天喜地地举行登陆仪式，这可是他们久违的陆地啊！大家跪着感谢上帝指引，哥伦布并将这个小岛取名圣·萨尔瓦多岛（San Salvador），意思为"神圣的救世主"。当时的哥伦布误以为他们所发现的地方是印度的属地，所以把这一带称为西印度群岛，称此地的居民为印第安人。

萨尔瓦多的 5 元纸钞上印着哥伦布的肖像，纪念他的伟大发现（图3-11）。

图 3-12

不只是探险

自哥伦布发现新大陆后，许多探险家也纷纷投入航海。如图 3-12 的西班牙 1,000 元纸钞正面，即为探险家科尔特斯（Hernando Cortes，1485—1547）的肖像，他在 1521 年征服阿兹特克帝国（今墨西哥）。而钞票的背面，如图 3-13 所示，则是另一位探险家皮萨罗（Francisco Pizarro，1471 或 1476—1541）的肖像，他占领印加帝国（今秘鲁），确定了西班牙在美洲的殖民统治。

图 3-13

第一位登上珠穆朗玛峰的
冒险家艾德蒙·希拉里

养蜂人与雪山女神的邂逅

除了大海的深不可测，高山也充满着美丽与危险的诱惑。珠穆朗玛峰位于中国和尼泊尔的边境线上，是喜马拉雅山脉的主峰，同时是世界海拔最高的山峰；在藏语里，珠穆朗玛峰有"大地之母"之意。此山的高耸与美丽闻名遐迩，吸引大批的外国游客与冒险家前来朝圣。1953年5月29日，新西兰人艾德蒙·希拉里（Edmund Hillary，1919—2008）和雪巴人丹增·诺杰经由东南棱，首度登顶成功。艾德蒙·希拉里一生充满传奇，他原是一位默默无闻的养蜂人，却因成功登上珠穆朗玛峰后，成为举世闻名的探险家。登顶珠穆朗玛峰，在20世纪30年代专注探索；50年代创登顶纪录；60年代尝试不同山棱路线；80年代出现无氧登顶。现在每年有数百人登顶，但也有许多人途中丧命。

新西兰的5元纸钞上印有这位征服珠穆朗玛峰的英雄——艾德蒙·希拉里的肖像（图3-14），他已在2008年1月11日辞世，享年88岁。虽然英雄已离开人世，不过想必看到艾德蒙·希拉里肖像仍能启发新西兰人勇于探索未知的精神。

图 3-14

挑战人类极限

　　"南极"在字面上就是地球的最南端。按照国际上通行的概念，南纬60度以南的地区称为南极，它是南大洋及其岛屿和南极大陆的总称，总面积约6500万平方千米。由于海拔高、空气稀薄，再加上冰雪表面对太阳辐射的反射等，使得南极大陆成为世界上最为寒冷的地区，年平均气温为摄氏零下25度，最低气温曾到摄氏零下89.6度。在这样的低温下，普通的钢铁会变得像玻璃一般脆弱；如果把一杯水泼向空中，落下来的会是一片冰晶。

　　南极的寒冷是由于地处高纬度，导致在一年中有极长时间没有太阳光。南极大陆风暴频繁、风力强大，曾测到每秒100米的大风，是迄今为止，地球上记录到的最大的风，因此，南极又被称为"风极"。这样的狂风会很快带走人体的热量，使人伤病，甚至死亡。

　　南极环境非常严苛，天气严寒、风速强劲，不利人类生存，却吸引着一群冒险家前往，挑战人类的极限。第一个到达南极点的探险家是挪

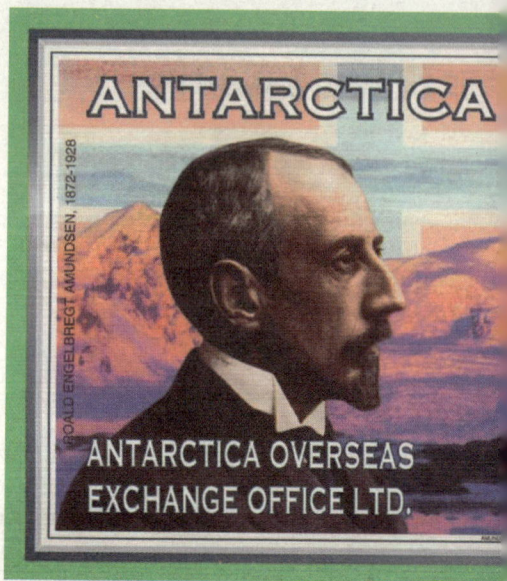

图 3-15

威的罗阿尔德·阿蒙森（Roald Amundsen，1872—1928）及其随行人员。到达时间是1911年12月14日。阿蒙森的主要对手是英国的罗伯特·斯科特（Robert Falcon Scott，1868—1912），他则在一个月后也到达南极点，但在回程时，斯科特以及同行的伙伴4人因为饥饿和极度寒冷而全部死在半途。为了纪念阿蒙森和斯科特，1958年的国际地球物理年建立了阿蒙森—斯科特南极站（Amundsen-Scott South Pole-

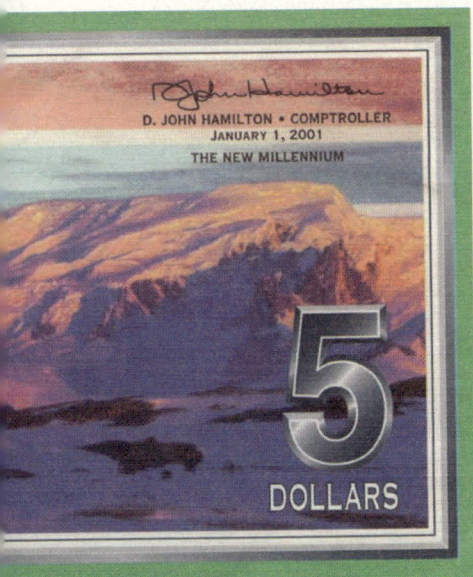

Station）。此站成立的目的是为其他极地研究的探险家和研究员提供永久性的帮助。

不管是否完成极地探险，只要愿意跨出步伐挑战人类极限，我们都该给予最高崇敬，罗阿尔德·阿蒙森和罗伯特·斯科特的名字都因此被永远记录下来，例如，南极代币的 5 元钞票上印着罗阿尔德·阿蒙森的肖像（图 3-15），10 元纸钞上则印着罗伯特·斯科特的肖像，以兹纪念（图 3-16）。

英国探险家亚德里恩·海斯在 19 个月内连攀珠穆朗玛峰（2006 年 5 月 25 日），抵达北极（2007 年 4 月 25 日）、南极（2007 年 12 月 28 日），创下史上最快走遍三极的纪录。

图 3-16

探索未知的勇气，非常人可以，

若能用罗盘写日记，

　　或用马鞭揽大地，

一生何妨一次而已！

弗里德持乔夫·南森（Fridtjof Nansen，1861—1930）
是挪威一位北极探险家，他于1888年跋涉格陵兰冰盖和1893
年乘"弗雷姆"号横跨北冰洋航行，是第一个证实北极是海洋的
探险家，1922年还获得诺贝尔和平奖。

图 3-17

政治建筑与
世界遗产，见证历史的光环

4

它也许气势磅礴，
也可能有神秘的传说，
随着时间经过，即使样貌斑驳，
但依旧横亘世人心头，不分童叟！

首尔五大宫殿之一

　　韩国的 10,000 元纸钞正面印着韩国世宗大王（1397—1450）的肖像，背面是景福宫的庆会楼（图 4-1）。景福宫是李氏王朝（1392—1910）时期汉城（现名：首尔）的五大宫殿之一，也是李氏王朝的正宫，具有五百年历史，而摆设国宴的地方为庆会楼。宫殿内蕴藏着一份宁静清幽，置身其中，别有一种舒坦的感觉。

　　韩国的纸钞原有 1,000 元、5,000 元、10,000 元 3 种，但韩国币值很低，而韩国的物价又高于中国，所以他们常得付很多钱买日用品。韩国人有时会拿着一张单面钞票付账，那是韩国的"银行支票"，它可免去付账时必须拿出一大堆纸钞的麻烦。韩国在 2010 年又发行 50,000 元及 100,000 元的钞票，让人民在日常生活中更方便使用。

图 4-1

图 4-2

泰国国王和国会大厦

泰国古称暹罗，泰国文化早期深受中国和印度文化的影响，16世纪，西方列强来到泰国，又受到西方文化的冲击。1896 年，英、法签订条约，将暹罗列为殖民地之间的"缓冲国"，暹罗虽没有成为列强殖民地，却避免不了英国和法国的诸多压制。

按泰国宪法，泰国国王没有太多实权，只是国家的代表。泰国国王普密蓬·阿杜德深受国民敬爱，有时也要出面调解政治危机。

图 4-2 是泰国 50 元的纸钞，其上为泰国的国会大厦及泰国国王君临天下的画面，可见泰国国王在泰国所拥有的尊贵身份。

迟到才是礼貌

　　菲律宾国民原以马来人为主，马来人大约是从公元前 500 年到公元 1500 年之间陆续移民到菲律宾，之后有许多中国人、西班牙人、美国人及印度人等新移民进入菲国，直到 1946 年，菲律宾才正式独立为"菲律宾共和国"。

　　在菲律宾，接受礼物通常有一定的规矩，当我们邀请菲律宾人到家里做客时，他们送的礼物我们绝不能当众打开，否则会被视为对客人不礼貌。如果有人受邀到别人家里拜访，千万不能按约定时间准时到达，更不得提前，否则既不礼貌，也有失颜面，那会显得是迫不及待为吃而来，习惯做法是比约定时间晚 15 分钟。总之，在菲律宾的人际交往与约会中，迟到才是礼貌。

　　图 4-3 是菲律宾 50 元纸钞，上面的建筑物为菲律宾的国会大厦。

图 4-3

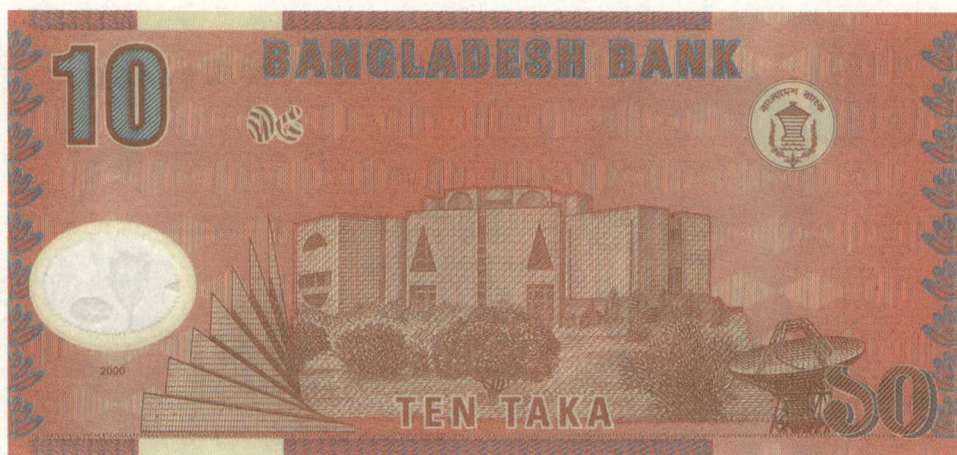

图 4-4

河塘之国

孟加拉国原为巴基斯坦的一部分，称为东巴基斯坦，1971 年才脱离巴基斯坦，成立孟加拉人民共和国。孟加拉国素有"水泽之乡"和"河塘之国"的美称，因为国内有 700 多条河流，主要分为恒河、布拉马普特拉河、梅格纳河三大水系。

孟加拉国经济基础薄弱，国民经济主要依靠农业。经过改革发展，2018 年联合国发展政策委员会宣布，孟加拉国已顺利通过评审，可以从"最不发达国家"进入到发展中国家行列。

图 4-4 是孟加拉国的 10 元纸钞，高耸的国会大厦矗立在眼前，这座大厦为美国建筑大师路易·康（Louis Isadore Kahn，1901—1974）所设计。

经济逐步起飞的越南

越南是一个发展中国家。1986 年起，越南执政党开始改变原来的经济政策，学习自由市场经济模式，使经济有了稳健的增长。之后中产阶级兴起，越南执政党也逐步舒缓了政治压力。

在越南，马路上常见单车、机车、汽车和三轮车争先恐后、竞道而行，交通的混乱难以形容。即使如此，还

MỘT NGÀN ĐỒNG

图 4-5

是可以来点越式休闲：预算不多时，就到小摊贩那儿买杯现剖的椰子汁，然后再踱步到公园树荫下享受浮生半日闲的乐趣；若预算多一点，不妨到小咖啡厅点杯法式咖啡，悠闲地欣赏这个国家的热带风情。

图 4-5 是早期"南越"的 1,000 元纸钞，纸钞上印着"南越"的总统府。

图 4-6

图 4-7

文明的摇篮

　　土耳其是一个横跨欧亚大陆的伊斯兰国家。由于土耳其曾经是东罗马帝国、奥斯曼帝国的中心，有着悠久历史，更特别的是，土耳其囊括了不同文明的历史遗产。因此又被称为"文明的摇篮"。

　　土耳其是一个充满神秘传说的现代化国家，具有一流的旅游服务、人民热情好客、景色迷人。图 4-6 为土耳其 50,000 元纸钞，中间的建筑物为国会大厦；图 4-7 为土耳其的 20,000 元纸钞，上面的建筑物为总统府。

土库曼斯坦国会大厦

土库曼斯坦是位于中亚西南部的内陆国家。在历史上，包括波斯人、马其顿人、突厥人、阿拉伯人、蒙古鞑靼人等民族都曾经在此建立国家，直到 15 世纪后才形成土库曼民族。19 世纪中期，有部分领土被并入俄国，直到 1991 年 10 月 27 日，土国才宣布独立，正式定名为土库曼斯坦。1992 年加入联合国，1995 年获得永久中立国地位。

图 4-8 是土库曼斯坦的 10,000 元纸钞，纸钞上的建筑物为其国会大厦。

图 4-8

美元上的建筑

　　在美元钞票的背面有许多具有浓厚政治色彩的建筑物，如：5元纸钞的林肯纪念堂，10元纸钞的美国财政部大楼，20元纸钞的美国白宫，50元纸钞的美国国会大厦，100元纸钞的费城独立宫。

5元美钞的正面为林肯头像，背面为林肯纪念堂（图4-9）。林肯纪念堂建于1917年，为纪念美国南北战争时期的林肯总统而兴建。林肯总统维护了美国的统一，并解放南方的黑奴，为美国的繁荣昌盛奠定了基础。整座纪念堂采希腊神庙建筑的风格，是由亨利·培根（Henry Bacon）所设计，大厅周围有36根白色大理石廊柱，象征当时36州的团结，堂内正面坐着林肯的白色大理石雕像，雕像后方有一句题词"林肯将永垂不朽，永存人民心中。"直至今日，他依旧是美国人民心中最伟大的政治人物。

图4-9

美国财政部（United States Department of the Treasury）是美国政府的内阁部门，在1789 年由美国国会建立，此部门是管理美国政府年度收支的重要地点。

图 4-10 是美钞 10 元的背面，上面的建筑物即是美国财政部。

图 4-10

图 4-11

白宫是美国总统府所在地，坐落在首都华盛顿市中心区的宾夕法尼亚大道上，设计者是著名的建筑师詹姆斯·霍本（James Hoban），他根据 18 世纪末英国乡间别墅的风格，并参照当时流行的意大利建筑师柏拉迪的欧式造型设计而成。其使用弗吉尼亚州所产的白色石灰石建造，建成时并不称为白宫，"白宫"一词是 1902 年由西奥多·罗斯福总统正式命名而来的。

白宫每逢星期二到星期五均会对外开放，虽然 130 多个房间中只开放十几间，但已是世界上唯一经常性免费向公众开放的国家元首官邸，因此吸引大批的游客，每年来此参观的人数多达 200 万人。图 4-11 是美钞 20 元的背面，上面即是美国最著名的建筑物——白宫。

　　美国国会大厦（US Capitol）又称为"国会山庄"，坐落于美国首都华盛顿市中心一处海拔 83 英尺的高地上，是美国联邦政府最高立法机关，不论开会、办公及审查各项法案都会在此处举行，也牵动全球的政经活动，因此美国国会大厦已成为全世界瞩目的政治焦点。

　　根据美国法律规定，首都华盛顿的建筑物都不得超过国会大厦的高度，所以国会大厦成为华府的最高点。这座建筑物的中央穹顶和鼓座系仿照万神庙的造型建造而成，圆顶上的小圆塔顶端竖立一座高约 5.8 米青铜制的"自由雕像"，是华府最引人注目的地标。

　　图 4-12 是美钞 50 元的背面，上面印有国会大厦。

图 4-12

图 4-13

　　费城有三百多年的历史，在美国独立战争期间为美国革命的发祥地，许多历史事件，如 1774 年和 1775 年两次大陆会议、1776 年 7 月 4 日《独立宣言》、1787 年美国第一部宪法都发轫于此。它在 1790 年至 1800 年间还曾是美国的首都。因此，费城被称为美利坚合众国的摇篮，至今仍完好地保存与这段光荣历史相关的历史建筑物。

　　费城有许多栋历史建筑物，在"独立宫"附近的"自由钟"是美国独立象征的代表。1776 年 7 月 4 日，伴随着洪亮的钟声，《独立宣言》首次公诸于世。1783 年 4 月 16 日，"自由钟"的钟声再次宣告了美国独立战争的胜利。此后，每逢 7 月 4 日美国国庆日时，都要敲响象征美国独立的钟声。

　　图 4-13 是 100 元的纸钞，背面印着费城的"独立宫"。

渥太华标志性建筑

加拿大的国会大厦是渥太华的标志性建筑，由维多利亚女王下令建造，1866 年完工。国会大厦中央有一座和平塔，是为了纪念在战争中牺牲的加拿大烈士而建造的。在竖立着青铜旗杆的青铜塔顶下，还有一座十分醒目的大时钟。

在夏季，每天上午 10：00 整，民众可以在国会大厦前的草坪上看到庄严肃穆的皇家禁卫队举行换岗操练仪式。从 5 月初到 9 月劳工节期间的夜晚，国会大厦前会提供免费的声光表演及户外影音节目，并以英法双语讲解加拿大的历史。

图 4-14 是加拿大的 10 元纸钞，在紫色钞票上隐约可见的建筑物，就是加拿大的国会大厦。

图 4-14

图 4-15

国名来自人名

尼加拉瓜是中美洲面积最大的国家。在西班牙人入侵前，尼加拉瓜的居民均为印第安人，多以狩猎为生。因为尼加拉瓜总首长名为"尼加劳"（Nicarau），该国因此得名。1823年，尼加拉瓜参加中美洲联邦后，尼国自由党人士主张脱离联邦，自行独立，造成与保守党纷争不息。1838年，内战爆发，自由党获胜，从此建立尼加拉瓜共和国。

图 4-15 是一张尼加拉瓜的 100 元纸钞，钞票中的建筑物是尼加拉瓜的国会大厦。

地形复杂，种族更复杂

　　坦桑尼亚位于赤道南边、非洲东岸，境内地形复杂，种族也复杂，全国约有 5350 万人，却有 120 个以上的族群。坦桑尼亚虽以狩猎保护区而闻名全球，却是全非洲都市化程度最低的国家之一，也是联合国宣布的世界最不发达国家之一。幸好近年来坦国经济改革，并积极与国际组织合作，如今经济已出现乐观的进展。

　　图 4-16 是坦桑尼亚的 1,000 元纸钞，钞票上印着该国的国会大厦。

图 4-16

这里没有黑人、白人、黄种人，只有巴西人！

巴西联邦共和国是拉丁美洲最大的国家，原为印第安人的居住地。1500 年，葡萄牙航海家卡布拉尔（Pedro Álvares Cabral，约 1467—约 1520）到达巴西后，巴西即沦为葡萄牙殖民地。1807 年，拿破仑入侵葡萄牙，葡萄牙王室逃到巴西，巴西成了葡萄牙的帝国中心。直到 1891 年 2 月 24 日，巴西才通过第一部共和国宪法，1967 年正式改国名为巴西联邦共和国。

巴西虽为多移民国家，相较于其他移民国家，种族歧视问题算是轻微的。巴西人对新事物、新文化均高度接受，任何种族阶级都可以自由居住、交往及交际，在巴西的国际机场有一个特别的标语

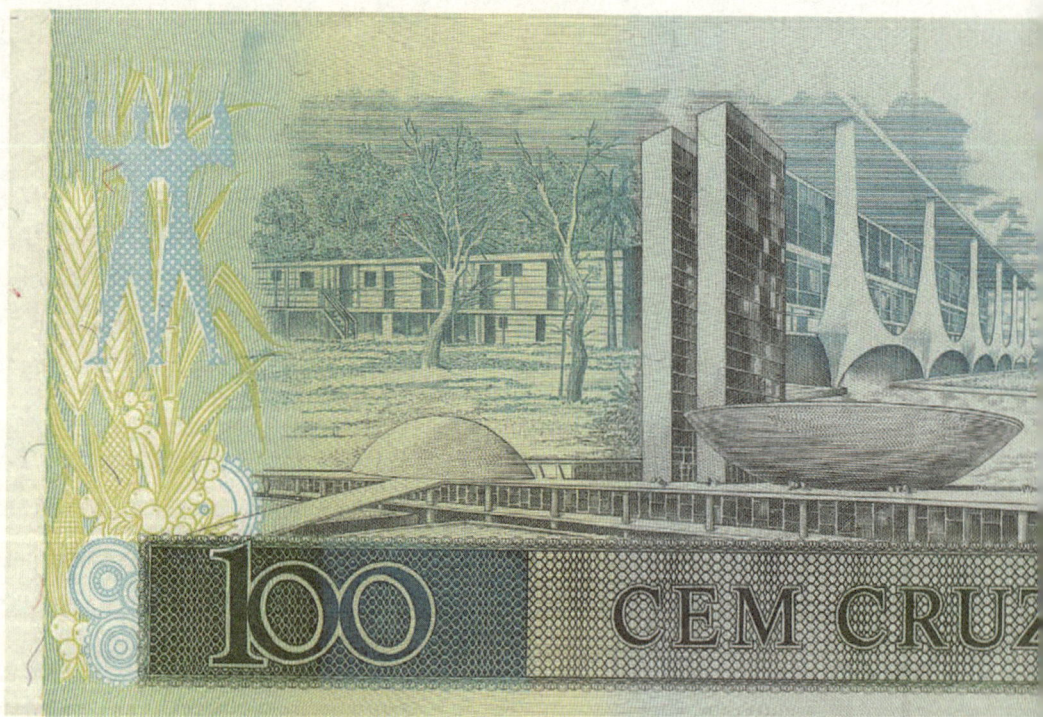

图 4-17

"这里没有黑人、白人、黄种人，只有巴西人"，这样的热情在众多移民国家中算是独树一帜了。

图 4-17 是巴西的 100 元纸钞，纸钞上面的碗状造型是巴西的国会大厦，左侧像一双筷子的直立式建筑物为巴西的总统府。

巴西国会与总统府实景

钻石之国

　　乌拉圭位于南美洲东南端，境内山明水秀，有"南美洲瑞士"之称；又因为国土形状类似钻石，且盛产紫晶石，所以又被誉为"钻石之国"。足球是乌拉圭人最热爱的运动，乌拉圭的足球运动曾在世界足球史上绽放光芒，该国是世界杯足球赛的首届主办国。

　　图 4-18 为乌拉圭的 50 元纸钞，纸钞上印着乌拉圭的国会大厦。

图 4-18

民族的拼盘

澳大利亚位居南半球，其四季时令恰与北半球相反。澳大利亚地大物博，容纳多国移民，因此被社会学家喻为"民族的拼盘"。自英国移民踏上这片美丽的土地之后，陆续有 120 个国家、140 个民族的移民来到澳大利亚追求新生活，多民族形成的多元文化是澳大利亚社会的一个特别现象。

澳大利亚国会大厦实景图

英国女王是澳大利亚的国家元首，由女王任命的总督为法定的最高行政长官。直到 1992 年 12 月 17 日，澳大利亚联邦政府内阁会议决定，澳大利亚的新公民无须再向英国女王宣誓效忠，自此，澳大利亚才真正成为一个独立自主的国家。

图 4-19 为澳大利亚的 5 元纸钞，纸钞上的建筑物为澳大利亚的国会大厦，最特别的还有国会平面大厦设计图在上方。

图 4-19

阿根廷的玫瑰宫

南美洲的巴黎

阿根廷位于南半球最南端，节令与中国相反。阿根廷是南美洲最早独立的国家，首都布宜诺斯艾利斯（Buenos Aires）是南半球第二大的城市，也是阿根廷的政治、经济、文化中心，享有"南美洲巴黎"的盛名，在西班牙语中，意为"好空气"。布宜诺斯艾利斯有五个主要区域，最重要的一区以五月广场为中心，是政治和商业区。

足球为阿根廷最主要的运动项目，每逢星期假日，足球场上一定会有一群足球爱好者"围球追逐"。昔日，首都布宜诺斯艾利斯后巷的贫民窟，同时也是"探戈"的发源地。阿根廷在 1912 年通过平等政权法案后，人民的生活比以往自由，对探戈也更为狂热，社会的各个阶层都掀起一股探戈舞会的热潮，形成一种优美的音乐文化。

图 4-20 为阿根廷的 1 元纸钞，印着阿根廷的国会大厦；图 4-21 为阿根廷的 1,000 元纸钞，印着阿根廷的总统府，又名"玫瑰宫"，期望能以粉红色的外观，象征红、白两派政党势力的融合，取其中庸之道的含义。

图 4-20

图 4-21

图 4-22

图 4-23

纪念币的设计艺术

"哈萨克斯坦独立 20 周年"10,000 元的纪念钞，为世界纸币协会 IBNS（International Bank Note Society）在 2013 年所选出的 2012 年度最佳纸币首奖。评审要求的是：艺术性、设计理念及防伪技术。

图 4-22 即为纪念脱离苏联独立 20 周年而发行的钞票，其上的哈萨克斯坦总统府高耸壮丽，扣人心弦。

让我们欣赏它的另一面（图 4-23），它是哈萨克民族纪念碑，相当气派。

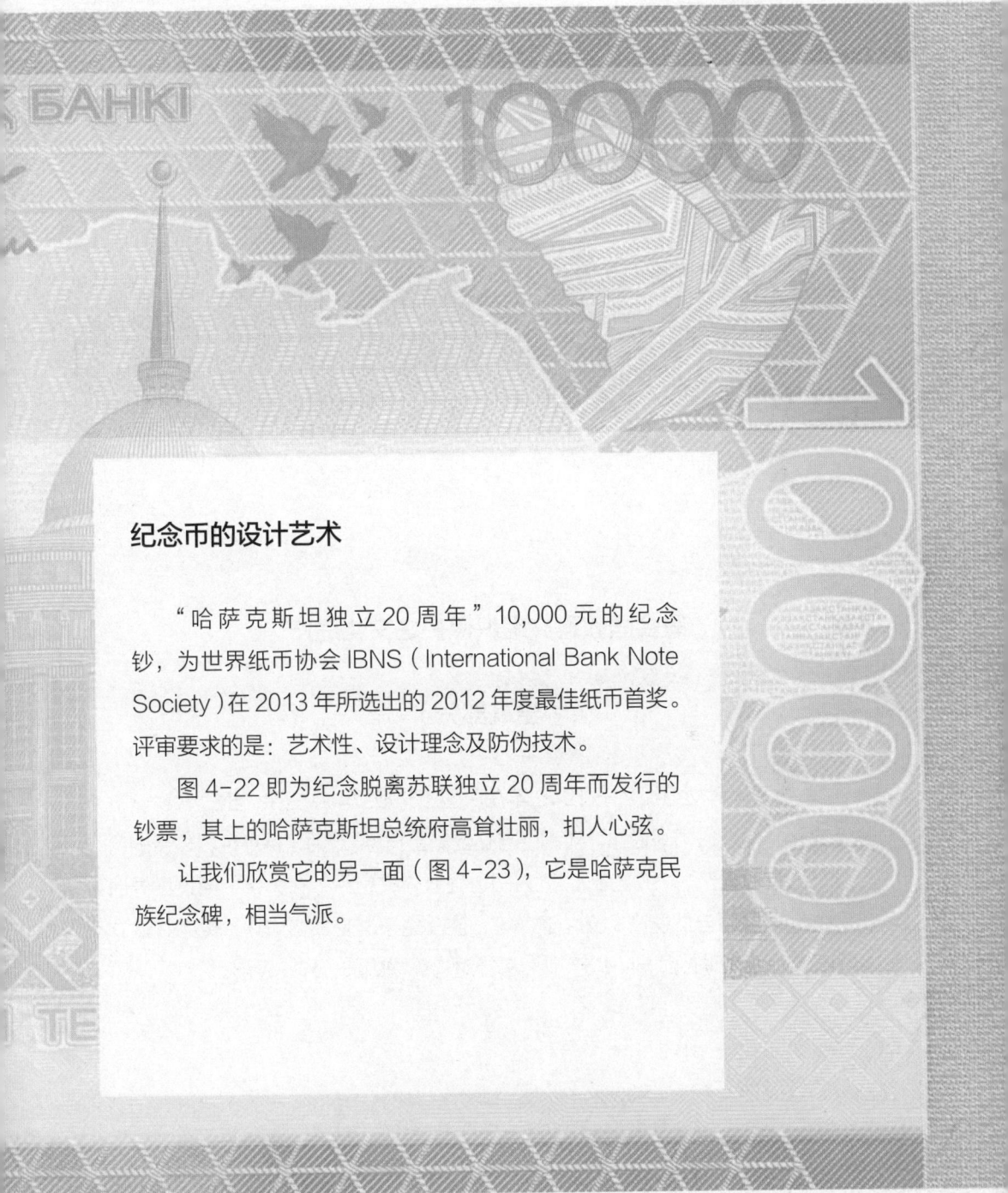

联合国教科文组织保护之文化遗产

（建筑部分）

　　"联合国教科文组织"于 1946 年在法国巴黎成立，宗旨是"透过教育、科学及文化，促进各国间合作，对和平与安全做出贡献"。为了保存世界珍贵的自然遗产、文化遗产，1972 年，"联合国世界教科文组织"在大会中通过世界遗产公约，以保存自然遗产、文化遗产等，使其免于遭受损伤破坏，更为其建立起国际合作及协助的体制。以下我们将针对建筑物的部分作一介绍。

图 4-24

不停更新任务与角色的故宫

故宫博物院位于北京市中心，是我国著名的文化观光景点。1961 年经国务院批准，故宫被定为全国第一批重点文物保护单位之一。1987 年，故宫被"联合国教科文组织"列入"世界文化遗产"名录。

故宫博物院原以展出明、清两代皇宫收藏文物为主要功能，但仍不停地在更新自己的任务与角色。在文物工作方面，二十世纪五六十年代的重点是对旧藏的清宫文物重新清点核对、登记造册、鉴别、分类和建档；对原有库房进行大规模的修整；加强防潮、防虫的各种措施。为了满足广大群众的要求，故宫博物院还组织小型文物展，前往各省市博物馆作巡回展出，并应邀到国外举办各种形式的展览活动。近年来，故宫博物院每年接待中外游客约有 600 ~ 800 万人次，随着旅游业蓬勃发展，参访故宫的人数有增无减。

在 1965 年的 10 元人民币（图 4-24）上可见天安门及故宫雄伟肃穆的身影，旁边还镶上美丽的红色花边！

无与伦比的建筑价值和文化价值——布达拉宫

布达拉宫的建造与吐蕃第 33 任赞普松赞干布息息相关。7 世纪初，松赞干布迁都拉萨后，在红山顶建了金碧辉煌的布达拉宫。布达拉宫外观有 13 层，实际 9 层，占地 40 公顷。布达拉宫充满了神秘色彩，尽管经过多次统计，依然无法准确地算出布达拉宫有多少房间，其错综复杂的建筑设计，要准确地计算梁柱是有相当难度的，因此直到现在，宫内依然不断发现有新房间。

1994 年 12 月，布达拉宫正式被列入世界文化遗产名录。人民币 50 元（图 4-25）上的布达拉宫高耸雄伟。

图 4-25

图 4-26

伊斯法罕皇家广场

伊斯法罕皇家广场位于伊朗的伊斯法罕（Esfahan）市中心，广场是城市规划的一部分，长 500 米，宽 160 米，仅次于北京天安门广场。在公元前 8 ～ 6 世纪，伊斯法罕就已经是一座颇具规模的大都市了。11 ～ 12 世纪的波斯塞尔柱王国时期，将它设为首都；16 世纪末至 18 世纪初，再次成为沙法维王朝的都城。此外，伊斯法罕更是丝绸之路上的重镇，也是东西方贸易的集散地。

广场中保存从 11 世纪到 19 世纪各式各样的伊斯兰风格建筑，正是当年萨非王朝国王阿巴斯检阅军队、观看马球的场所。广场周围有两层拱廊环绕，每边拱廊各有一座雄伟的大门，分别通向皇家清真寺、圣·罗图福拉清真寺、阿里·加普宫和皇家集市。广场周围文物、景观都反映了萨非王朝时期波斯的社会文化生活。1979年，"联合国教科文组织"将伊斯法罕皇家广场视为重要文化遗产，并列入《世界遗产名录》。不过，伊斯法罕皇家广场目前已改名为伊玛姆广场。在伊朗 20,000 元的纸钞上即印有美丽壮观的伊斯法罕皇家广场（图 4-26）。

笔者摄于伊斯法罕广场

世界最早的基督教教堂——艾奇米亚津

亚美尼亚以石雕建筑艺术闻名全世界，因为当地盛产各种彩色花岗岩、大理石，所以又有"石头之国"的美称。301年，亚美尼亚王特拉达三世定基督教为国教。

亚美尼亚的首都埃里温（Yerevan）是个历史悠久的文化古都，市内的艾奇米亚津（Echmiatsin）大教堂，据说建于4世纪初，距今已有1700年的历史，号称全世界最早建立的教堂，因此被称为母亲教堂（Mother Cathedral），是亚美尼亚大主教驻地。

在亚美尼亚50,000元纸钞上，即收录了这座教堂的样貌（图4-27），钞票左侧还印有"1700"的数字，正说明了这座教堂悠久的历史。

艾奇米亚津大教堂实景

图4-27

世界三大宗教的共同圣地——耶路撒冷

公元前 1000 年左右，大卫王率领以色列人扩建一座城市，并定都于此，这座城市就是大名鼎鼎的耶路撒冷（拉丁语 Yerushalayim）。耶路撒冷是犹太教、基督教和伊斯兰教的圣地，当地居民有不同的文化和宗教信仰，使得整个古城记录一个城市三千年来的浮沉起落历史。

　　以色列的纸钞上也刻画出这座古城的原貌，可见以色列人对这座古城的重视。2007 年 4 月 23 日，"联合国教科文组织"执行局也通过决议，重申耶路撒冷老城的重要价值，以及保护此一重量级世界遗产的必要性。

　　以色列橘黄色 5 元纸钞上印制的是耶路撒冷老城"狮子门"图案（图 4-28），绿色 5 元是"大马士革门"（图 4-29）；紫色 10 元是"雅法门"（图 4-30）；黄色 50 元是"金门"（图 4-31）；蓝色 10 元是"锡安门"（图 4-32）。这一系列的纸钞文字部分，分别以希伯来文、阿拉伯文和英文书写，图案上的建筑物都是取自同一座老城，可知以色列政府对耶路撒冷老城的保护和重视程度。

图 4-28

5

2062042875

בנק ישראל

بنك اسرائيل

2062042875

BANK OF ISRAEL

图 4-29

10

1632010320

בנק ישראל

بنك اسرائيل

1632010320

BANK OF ISRAEL

图 4-30

בנק ישראל

图 4-31

图 4-32

此为城墙中最有名的犹太教"哭墙"

　　钞票上的耶路撒冷老城总是透露着一股古老悠远的气息，凡是到过此地探访的游客，必能感受其中的庄严肃穆。

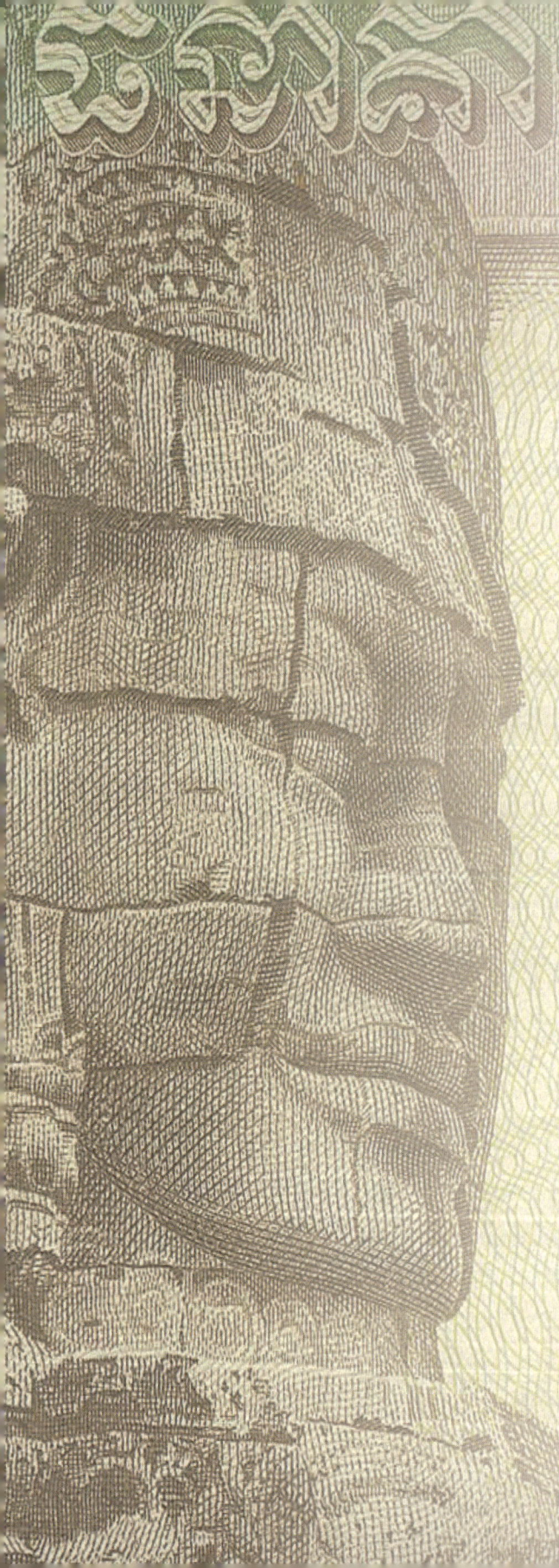

全球最大寺庙群——吴哥窟

802 年，吴哥王朝国王苏耶跋摩二世在中南半岛兴建吴哥城，并以此为首都。吴哥王朝称霸至 15 世纪，衰败后，古迹群也淹没在荒烟蔓草间，直到 1860 年被法国博物学家姆欧发现，才重现光芒。

吴哥王朝留给后世最大的遗产就是吴哥窟（Angkor Wat，即吴哥城），此处共有百余座佛教和印度教寺庙，是全球最大的寺庙群。这里的建筑物只用石块兴建，总体积与埃及金字塔所用的不相上下，以当时的人力、物力来说，简直是个奇迹。因此，吴哥窟在 1992 年被"联合国教科文组织"列为全球七大奇景之一，列为珍贵的世界级文化遗产。

在柬埔寨的 50 元纸钞上印有吴哥窟的全景图（图 4-33），远望这座古城，仍可感受到当时的庄严气势。100 元的纸钞上则是吴哥窟中一尊古佛的庄严相貌（图 4-34），虽然有些斑驳，却有一股神圣的氛围蕴藏其中，这也正是吴哥窟迷人的魅力所在。

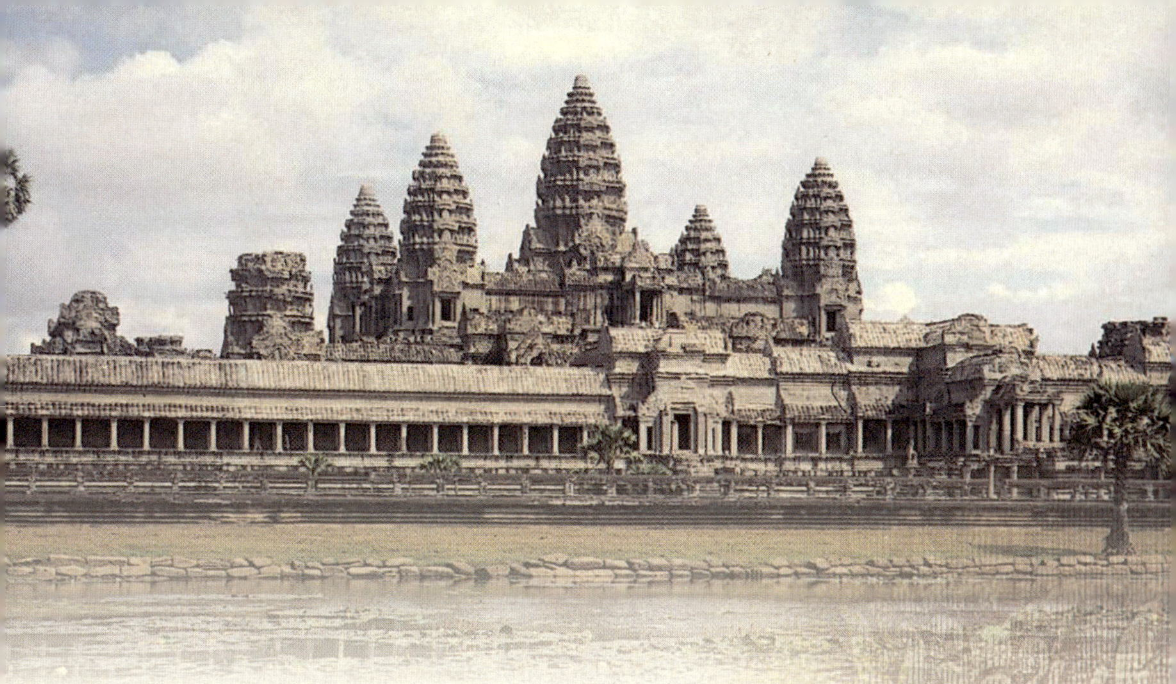

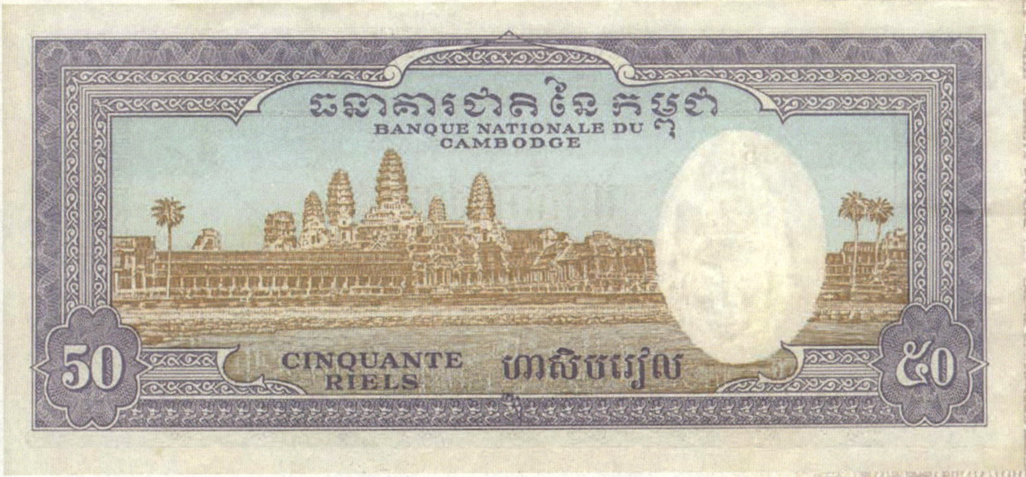

图 4—33

图 4—34

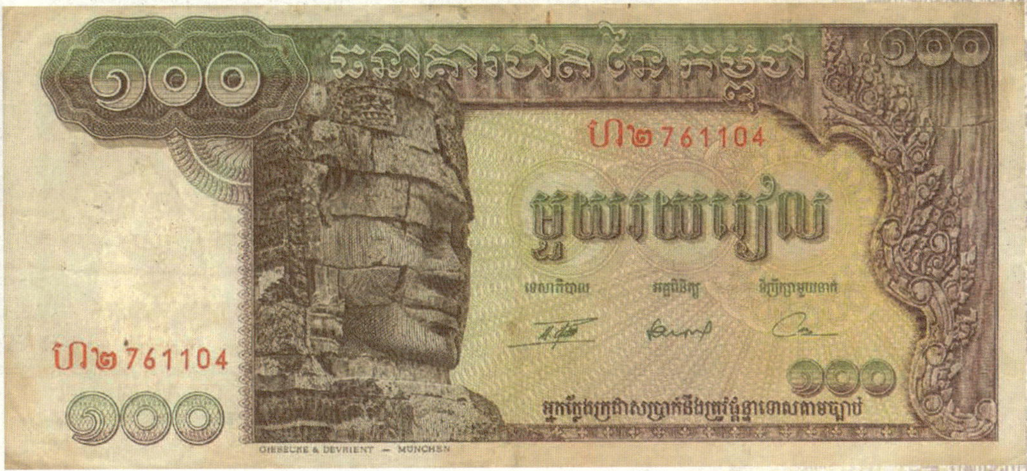

皇室级庙宇——泰国大理寺

　　泰国五世皇登基后想盖一间休憩所，便将周围荒废无人的寺庙结合一起施工，此庙是由皇室设计师设计，其整体建筑风格既庄严又气派，在建材方面多采用大理石，所以有"大理寺"的美称。这间寺庙属于"皇室级"的庙宇，因为该寺庙徽沿用了泰国人心目中"国父级"的五世皇朱拉隆功陛下的皇徽，足以证明其在泰国的崇高地位。

大理寺实景

寺内供奉一尊最受人民敬重的"成功佛"（Phra Buddha Chinnaraj），佛像高达 3 米，整体风格属素可泰王朝时期，直接从斯里兰卡的小乘佛教经文中独立发展出来的。

泰国的 10 元纸钞上印有大理寺的全景（图 4-35），皇家级的气势与尊贵气质，跃然于纸钞上。

图 4-35

巴尔贝克神庙
——腓尼基和罗马文明的相融产物

黎巴嫩共和国位于亚洲西南部地中海东岸，属于中东国家，古罗马帝国曾占领过黎巴嫩，并修建了举世闻名的巴尔贝克神庙。

巴尔贝克神庙位于贝鲁特东北的贝卡平原北部。公元前 3000 年，崇拜太阳神的迦南人在这里修建了一座祭祀太阳神的庙宇，称为"巴尔贝克"，意为"太阳城"。今天的巴尔贝克神庙虽称作罗马神庙遗址，实际上却是腓尼基文明和罗马文明相融合的产物。它历经近 2000 年的战火洗礼，残存的建筑体仍使人惊叹不已。据称

这是世界上规模最宏伟的古罗马建筑群，全世界已找不到比它更完整的神庙遗址。因此，在 1984 年被"联合国教科文组织"列为世界珍贵文化遗产。

在黎巴嫩的 50 元纸钞上，即印有这座庙宇的全貌（图 4-36），透过图片观看，整座神庙果然有一股沧桑肃穆之感。

摄于黎巴嫩巴尔贝克神庙古迹前

图 4-36

图 4-37

真的有海市蜃楼？——希巴姆老城

也门位于阿拉伯半岛南端，有 3000 多年历史，是孕育阿拉伯古文明的摇篮之一。希巴姆老城在 1982 年被认定为珍贵的世界遗产，因为它位于阿拉伯沙漠中央，一片荒漠中竟有一群高楼建筑耸立其中，给人一种海市蜃楼的感觉。据考证，这种高层建筑是也门人民传统家族制度的产物，当时家族分家并非携家带眷离乡背井，而是在原来的房顶上加层扩建，逐渐形成这种高层建筑，现在保留下来最古老的建筑还可追溯到 10 世纪呢！

也门的 50 元纸钞上耸立着许多座古老建筑（图 4-37），这是位在希巴姆老城中的高楼。

摄于也门萨那古城区

阿拉伯的珍珠——萨那古城

也门的首都沙那，位于海拔 2190 米的高地上，又称为"阿拉伯的珍珠"，据说它是人类发源地之一。萨那古城（Old City of Sana'a）是也门著名的景点，城内约有 6000 间民宅、103 间寺庙，全都建于 11 世纪以前，有些甚至建于 7 世纪。不论是外墙、窗户、气窗，甚至是梁柱上的图案都可看出艺术价值，不仅讲求色彩搭配及图案组合，还以石膏雕砌出缤纷的细节，建筑风格独树一帜，让人仿佛走入《一千零一夜》中所描述的繁华阿拉伯古城，有一种古今时空穿梭来回的感觉。古老又充满历史的萨那古城，在 1986 年被"联合国教科文组织"明定为世界遗产。

在也门的 1,000 元纸钞上，便是这座位于阿拉伯半岛上最古老的沙那古城（图 4-38）。

图 4-38

图 4-39

中美洲的秘密天堂——科潘古城

洪都拉斯素有"中美洲秘密天堂"之称，有充满殖民色彩的城市、玛雅遗迹、珊瑚礁和丰富的雨林生态，最著名的观光胜地是科潘（Copan）古城，这座古城以精美雕刻与刻有玛雅古文字石碑闻名，从城内建筑中的象形文字、玛雅数字，可推知玛雅人的建筑、雕刻、数学等多元化文明的发展非常早。

1840 年，美国考古学家约翰·斯蒂芬斯和英国考古学家弗雷德里克·加瑟伍德在荒烟蔓草中发现了这座古城遗址，并向全世界公布古城的相关资料，直到 1980 年，"联合国教科文组织"才将其列为世界珍贵遗产。

洪都拉斯 1 元纸钞上是一座缩小版的科潘古城图（图4-39），右侧有直条形柱子刻着玛雅图腾，显现出一种古朴气质。

玛雅文化的羽蛇神金字塔

玛雅文化始于约公元前 3000 年，横跨危地马拉、贝里斯、墨西哥、洪都拉斯及萨尔瓦多等国。

危地马拉位于中美洲，在危地马拉北部的蒂卡尔国家公园中的神殿，是一座浮现在原始森林中的建筑物，也是玛雅文明最早、最大的神殿遗迹。蒂卡尔之意为"能听到圣灵之声的地方"，遗迹中最大的杰作是五座巨大的金字塔神殿。

墨西哥最著名的是羽蛇神金字塔，约建立于 9 世纪。整座金字塔最令人啧啧称奇的并非是规模或形式，而是金字塔北面，两颗看似平凡的羽蛇神头像，与九层上升台阶的相互搭配设计，在每年春分和秋分日落时，发光的蛇头和九层台阶切割映照成的飞蛇图形，象征羽蛇神在春分时降临，在秋分时离开，一年之中只有这两天，能看到这两条蛇的交替出现，令人叹为观止。1987 年，"联合国教科文组织"将其列为珍贵文化遗产。在墨西哥的 20 元（图 4-40）和危地马拉 0.5 元（图 4-41）纸钞上，即为这座极具传奇性的羽蛇神金字塔。

图 4-40

图 4-41

拉丁美洲最完整古城——基多

厄瓜多尔位于南美洲西北部,"厄瓜多尔"西班牙语的语意是"赤道",这是因为赤道经过该国。厄瓜多尔由于当地气候炎热,盛产香蕉,又称为"香蕉之国"。直到 1809 年,厄瓜多尔这块热带土地才脱离西班牙统治,获得独立建国的机会。

厄瓜多尔首都名为基多(Quito),是全世界第二高的首都,建筑在海拔 2850 米高的皮钦查火山(Pichincha)山麓。首都内有 87 座教堂,最著名的两座教堂为圣法兰西斯修道院和拉孔帕尼亚教堂,建筑风格华丽,属巴洛克风格。这美丽的古城是从 16 世纪时的印加废墟中建立起来的。1917 年,经历了大地震后,基多仍然是拉丁美洲保存最完整的古城。在 1978 年,基多获"联合国教科文组织"青睐,被列为世界人类文化遗产保护区。

厄瓜多尔的 20 元纸钞上所印的即是美丽的拉孔帕尼亚大教堂(图 4-42),可以感受它既古朴又华丽的建筑风格。

图 4-42

图 4-43

世上最大的土砖城——昌昌古城

　　秘鲁位于南美洲的西北部。昌昌古城（ChanChan）
是古秘鲁时期奇穆王朝的首都，在 15 世纪时，昌昌古城
处于鼎盛期，繁华热闹的场景不在话下。昌昌古城是世上
最大的土砖城，因为当地没有石头，只能用土砖造屋，有
时还会使用金箔嵌在土墙上。昌昌古城的中心点有一座类
似庙宇的城堡，周围则有保存完好的会议厅、水库、居住
区及宗教会议平台。

　　秘鲁的 1,000 元纸钞上即是昌昌古城的大致轮廓（图
4-43），围墙刻有很多美丽造型的几何图案，在当时应该
算是一种时尚的表现。

"创世中心"——蒂瓦纳科古城

在 400 多年前，玻利维亚人在喀喀湖边建立了蒂瓦纳科古城，这座古城位于玻利维亚和秘鲁交界地带，4000 米高的平原上，古城中心有 6 个带有垂直石柱的"T"形台地，是蒂瓦纳科的一个显著标志。这座古城从居民群聚中心，发展成一座繁忙的城市。在这片土地上，有许多梯形金字塔、法庭。

蒂瓦纳科在古印第安语有"创世中心"之意，古城的太阳门上雕刻着 12000 年前的古生物和精确的天文历法，许多考古学家对这段史前文明非常感兴趣。古城仍保存 400 多年前玻利维亚人留下的建筑、绘画和雕刻，蒂瓦纳科遗址的梯形金字塔和城墙上还排列着雕刻精美的石头。据考古学家估计，曾经有近 40000 人居住在这座生机勃勃的古城内外。但可惜的是，我们对蒂瓦纳科古城当时的手工业、农业、捕鱼技法所知甚少。

在玻利维亚的 50 元纸钞上，即印制着蒂瓦纳科古城的图案（图 4-44），记录着这座古城曾有过的绝代风华。

图 4-44

图 4-45

圣索菲亚大教堂

　　乌克兰是欧洲东部的国家，著名的圣索菲亚博物馆（位于乌克兰基辅）占地 5 公顷，建立于 11 ～ 18 世纪。这里有一系列美丽的古建筑群，其中最珍贵的建筑主体就属圣索菲亚大教堂，这座教堂在 1990 年被"联合国教科文组织"列为世界珍贵的文化遗产。

　　圣索菲亚大教堂（Saint Sophia）建于 1037 年，整体建筑是巴洛克风格。"索菲亚"在希腊语里有"智慧"之意。当初建造这座教堂的目的有二：第一是为了庆祝当时的俄罗斯军队战胜突厥；第二是为了赞颂基督教。圣索菲亚大教堂是乌克兰的宗教、政治和文化中心，这里存放着许多考古文物和建筑模型，并有一座古色古香的图书馆，政府官员习惯在这里接见外国使节或签订重要条约。

　　乌克兰淡淡粉红色的 2 元纸钞上即印着圣索菲亚大教堂的图案（图 4-45），仿佛可以透过教堂里的管风琴，弹奏出幸福的乐章。

欧洲的十字路口——塔林

爱沙尼亚位于欧洲东北部，首都塔林（Tallinn）曾经是连接中、东欧和南、北欧的交通要塞，因此又称为"欧洲的十字路口"。它也是波罗的海沿岸重要的商港、工业中心和观光旅游胜地。

塔林老城在塔林市内是最重要的一个地标，因为老城里保留了最完整的中世纪欧洲城堡，其中最著名的就是俄罗斯东正教大教堂。这座老城内经常举行重大庆典和活动，2002 年的欧洲音乐节即在此地举办。2005 年，"联合国教科文组织"将塔林老城列为珍贵世界遗产。

爱沙尼亚 5 元的纸钞上是塔林老城的全景图（图 4-46），古城前环绕着运河。在波光潋滟的河流边举办艺文活动，应该是一场美不胜收的精神飨宴吧！

图 4-46

图 4-47

奇异的冲突之美——伊斯坦布尔

伊斯坦布尔位于土耳其境内，地理位置特殊，处在欧洲与亚洲交界处。在这座古城里，随处可见新与旧、东方与西方文化交错对比的冲突美感，甚至可以观赏到伊斯兰教与基督教文化、欧洲与亚洲地理景观复杂又调和的奇异风土民情。

伊斯坦布尔不仅是一座历史悠久的古城，也是一座华丽又充满活力的现代化城市。由于城内融合了罗马和东方艺术，让伊斯坦布尔留下丰富而迷人的文化遗迹。它拥有特殊的博物馆、教堂、宫殿、清真寺、市集，以及迷人的自然风景，更是著名的旅游景点。1985年，"联合国教科文组织"宣布将伊斯坦布尔城墙及其所包围的古城区列入世界文化遗产名单。

土耳其的250,000元纸钞上有座建筑物（图4-47），就是伊斯坦布尔及其周围建筑物的缩影，在蓝色的底色下，更凸显出这座古城的典雅气息。

图 4-48

图 4-49

博亚纳教堂
——索菲亚王冠上的明珠

保加利亚位于欧洲东南部巴尔干半岛上。博亚纳教堂（Boyana Church）是保加利亚著名的教堂，被誉为"索菲亚王冠上的明珠"。这座教堂是从一片废墟上重新修建起来的，始建于 10 世纪末，中世纪时曾是皇宫的一部分。博亚纳教堂实际上是由三座教堂所组合的，尽管其建造年代不同，建筑风格迥异，却奇妙地组成一个和谐的整体。或许因为这三座教堂都有十字形的平面和圆形屋顶的缘故吧！

博亚纳教堂是保加利亚自 13 世纪以来，唯一一个保存完整、展现保加利亚宫廷艺术特点的建筑物，其中的壁画群是保加利亚教堂中最具代表性的作品，为巴尔干绘画艺术的代表作。它也记录了保加利亚的文化历程，以及曾有过的繁荣岁月。它于 1979 年被列入世界文化遗产目录。

保加利亚的 20 元纸钞正面即是博亚纳教堂的简图（图 4-48），背面则印制了教堂里最有名的壁画——新娘杰希斯拉娃（Desislava）的头像（图 4-49）。

真正的不夜城——圣彼得堡

圣彼得堡位于芬兰湾深处、俄罗斯西北部，是俄国第二大城市。18世纪初，这里还是一大片沼泽，因为圣彼得堡的建造，开凿了许多人工运河，在这些运河的联系贯通下，才让圣彼得堡的42个小岛畅通无阻。除了运河，城内还有423座桥梁彼此沟通连接。

圣彼得堡是世界上少数具有白夜的城市（不夜城），每年的5月至8月，城中几乎没有黑夜。白夜时漫步在静静的涅瓦河畔，遥望着蔚蓝天空上的北极光，感觉犹如置身在梦幻中。在1996年，被"联合国教科文组织"评定为世界人文遗产保护区。

50元俄罗斯钞票中的建筑物，即是位于圣彼得堡市瓦西里岛长滩上的原交易所大楼和罗斯特拉灯塔（图4-50）。

图4-50

图 4-51

多次惨遭火灾仍不减风采——莫斯科大剧院

　　莫斯科大剧院位于莫斯科市中心的剧院广场，是俄罗斯历史最悠久的剧院，也是世界上最著名的剧院之一。莫斯科大剧院最早建于1776年，但一场大火使它损失惨重，并于1825年重建。1828年，再遭火灾肆虐，幸好在灾难不断之下，仍能保留其迷人风采。

　　现今呈现在世人眼前的剧院，是一座淡黄色的俄罗斯古典建筑，内部设备完善，演出大厅以金色为基调，更显金碧辉煌，有6层包厢，可容纳将近2000名观众。每年9月至隔年6月为演出旺季，一般只接受大型剧目演出，一些规模较小的剧展，或具有实验性质的作品表演，则会选择在附近的小剧院里进行，每年都吸引着大批国内外歌剧、舞剧和交响乐的爱好者前来聆赏。

　　俄罗斯的100元纸钞上即是莫斯科大剧院（图4-51），虽不能亲临剧院欣赏演出，但将这张100元钞票握在手上，似乎离莫斯科大剧院更近了呢！

城市中心的堡垒——克里姆林宫

俄罗斯的克里姆林宫（Kremlin）有 800 多年历史，俄文的意思为"城市中心的堡垒"。相传历任沙皇打胜仗后必穿越三圣塔，再经过克里姆林宫，因此人们传说穿过三圣塔后必会带来好运。苏联解体后，它成为俄罗斯政府的代称。从 13 世纪起，它见证了俄罗斯从一个莫斯科大公国发展至今日横跨欧亚大陆的强国。

19 世纪中期，在克里姆林宫又增加了克里姆林宫大厦，宫墙四周有塔楼 20 座。1937 年时，在塔楼上又装有五角形的红宝石星，这是世界建筑史上不可多得的杰作。宫内还保存有俄国铸造艺术的代表作，有重达 40 吨的"炮王"和 250 吨的"钟王"，因此克里姆林宫成为俄罗斯备受珍视的文化遗产。此外，克里姆林宫还享有"世界第八奇景"的美誉，是世界著名的观光景点。

在俄罗斯的 50 元纸钞上，即可欣赏到这座极负盛名的建筑物——克里姆林宫（图 4-52）。

图 4-52

红场上的圣巴西尔大教堂

红场——圣巴西尔大教堂

红场总面积约有 9 万平方米，是莫斯科最古老的广场，位于克里姆林宫东侧，虽经多次改建和修建，但仍保持原样，散发着古朴气息。15 世纪末，莫斯科发生一场大火，火灾后的空旷之地称为"火烧场"，17 世纪后又被称为"红场"，在俄语中，"红色"有"美丽"之意。1917 年 10 月革命胜利后，红场成为人民举行庆祝活动、集会和阅兵的地方。

红场正前方是圣巴西尔大教堂，系为了纪念伊凡四世（Ivan IV，1530—1584）在 1552 年成功占领喀山而建造的。传说 1560 年教堂建造完成之后，伊凡弄瞎了所有参与兴建该教堂的建筑师，因为他不想让这些建筑师们有机会建造出比该座教堂更富丽堂皇的建筑，可见这座教堂有多么美丽非凡了。

复活节的那一周，圣巴西尔大教堂会对外开放，但俄国人民和外国人的票价差距极大，因为它不是天天开放，所以外国游客总是络绎不绝。这座教堂虽在 15 世纪兴建，又遭逢火灾肆虐，但经过修复后的圣巴西尔大教堂上，著名的九个洋葱顶仍旧闪耀着缤纷的色彩，仿佛童话故事中的城堡。

俄罗斯 1,000 元纸钞上印制的即是圣巴西尔大教堂图景（图 4-53）。

图 4-53

石头城津巴布韦

津巴布韦是非洲东南部的内陆国家。"津巴布韦"一词来自班图语，为"石头城"之意，这是因为境内著名的"大津巴布韦遗址"而得名。石头城遗址位于津巴布韦维多利亚堡附近的一个山谷中，这里有一大片石头建筑群，占地720公顷，分为三部分，山丘上被称为"卫城"，高达120米；以圆柱塔为中心的部分被称为"神殿"；此间分布着居住遗迹，称为"谷的遗迹"，这些遗址证明此处曾经有过一段重要的黑人文明（欧洲此时为"黑暗时代"）。其中"神殿"的图案被用于津巴布韦的硬币设计上。石头城的魅力，在1986年让"联合国教科文组织"将它列为世界珍贵文化遗产。

津巴布韦50元纸钞上即是石头城的遗迹图景（图4-54）。

图 4-54

图 4-55

法老王的陵墓——金字塔

埃及位于非洲北部，和许多古老文明由河流发源一样，埃及文明由尼罗河所孕育。在河谷中，举目可见悬崖峭壁，其次就是沙漠。尼罗河是各地之间联系的要道，也是维持埃及文明整体性的命脉。

埃及的金字塔（Pyramid）是古埃及法老王（即国王）死后的陵墓。埃及金字塔的建造过程至今还是个谜。陵墓是用大石块修砌而成，因形似汉字的"金"字，故译作"金字塔"。位于吉萨高地的胡夫金字塔（又称"大金字塔"），是埃及现存规模最大的金字塔，被喻为"世界古代七大奇观之一"，建于约公元前2670年。据考证，为建立大金字塔，一共动用10万人工，耗费20年时间。这座伟大的建筑物于1979年被"联合国教科文组织"选为世界珍贵文化遗产。

埃及早期的10元纸钞上即可看到金字塔的样貌，其前为著名的"人面狮身"（图4-55）。

以为是海市蜃楼，却是希巴姆老城，

以为听到了圣灵之声，结果是众人对蒂卡尔的赞声，

以为过了一千零一夜，殊不知是萨那古城所给予的缤纷细节。

运动与选手，它总是让人为之疯狂

5

藤球在缅甸人脚下不敢张狂，
阿富汗骑士铆足全力，只为争夺一只无头羊，
不管在何方，运动总是让人为之疯狂。

踢网篮球

缅甸位于中南半岛的西北部，是中南半岛面积最大的国家，在经济方面以农业为主，尤其仰赖农产品的外销来赚取外汇。

据历史记载，藤球的发展历史已超过一千年，有人认为起源于缅甸，也有人认为来自马来西亚，但真相已不可考了。藤球在很久以前就出现在泰国、缅甸及马来西亚，是十分普及的运动，其规则与排球赛类似，介于排球、篮球、足球之间，不同的是，藤球以脚代手，因此又被称为"踢网篮球"。近年来，缅甸藤球协会不断努力改良藤球运动，使它由带有艺术性的娱乐，逐步转变为锻炼身体的体育运动。

图 5-1 是一张由缅甸政府发行的 5 元纸钞，其背面印有由 6 个人组成的藤球比赛场景，可见这项运动在缅甸是一项非常普及的传统运动。

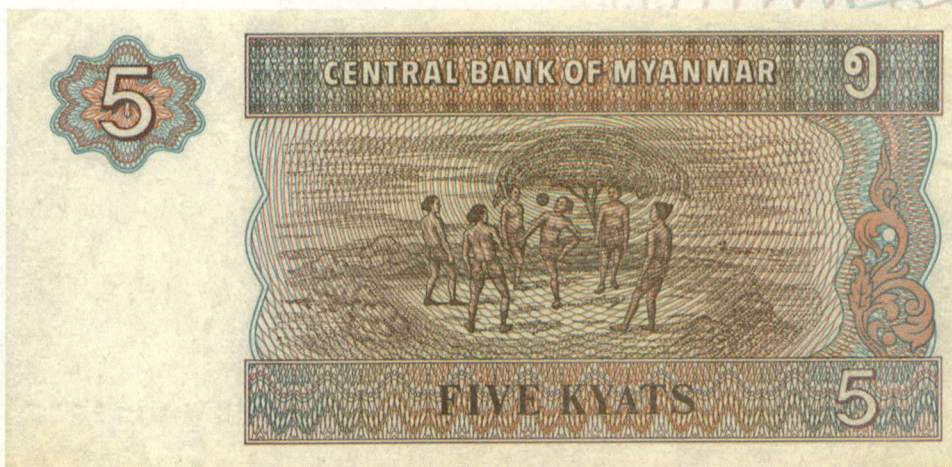

图 5-1

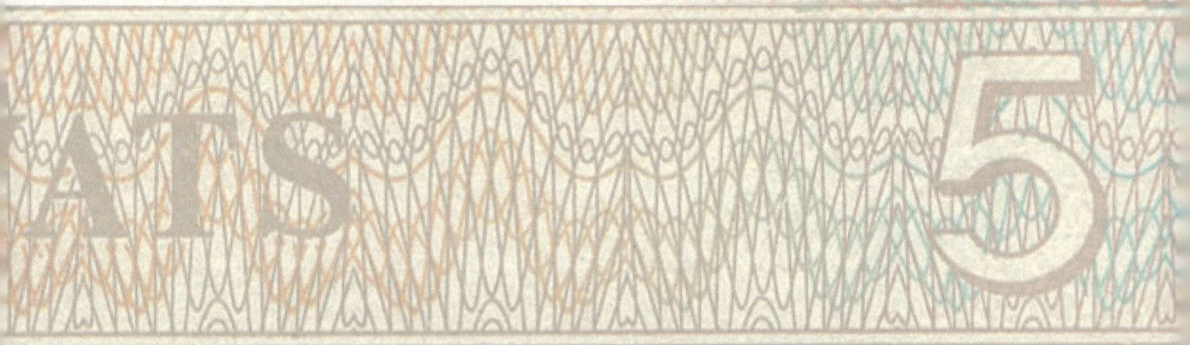

运动天地狮子城

新加坡四面环海，是位于马来半岛南端的一个岛国。它的历史充满香料贸易、海盗传奇与殖民色彩。7世纪时，新加坡被命名为"海城"，是苏门答腊古帝国时期的贸易中心。在13世纪，一位苏门答腊王子首度来到新加坡岛游历，意外发现一只像狮子的奇兽，王子描述它"行动敏捷而美丽，艳红的身躯，漆黑的头"，于是将此地命名为"新家普加"，即"狮子城"之意。因为狮子的马来语是"Singa"、都市的马来语是"Pura"，所以其马来语国名"Singapura"，从此沿用至今。

新加坡是个体验各式运动的好地方，体育运动早已成为新加坡人民不可或缺的一部分，一到周末，海滩、公园等地都能看到他们畅快恣意地享受流汗的快感。新加坡人在许多运动比赛中都有不俗的表现，不论是当地的体育活动或是国际赛事，新加坡人都会热情地参与。

图5-2是新加坡的10元纸钞，背面印着新加坡人民正参与着许多体育活动，包括足球、网球、游泳、划船等，可见新加坡是个体验运动激情的好地方。

图5-2

图 5-3

骑士们的血腥之战

"阿富汗"原文的含意是"骑士的国土",是由许多民族所组成的国家,多数人民都笃信伊斯兰教。阿富汗位于亚洲中部,物产并不丰富,但其特殊的地理位置,自古以来即为异族迁移及侵略的必经之路。

由于它特殊的地理及环境因素,使得阿富汗全国性的古老竞技具有浓厚的血腥色彩。这项运动是由数十位骑士在广场中争夺一只无头羊的身体,谁能够力抗群雄,并将猎物带至指定终点,再重新绕回场中,就是胜利者,人称"马背叼羊",当地语称为布兹卡希(Buzkashi)。

图 5-3 是一张 500 元纸钞,右侧印有一群身着阿富汗传统服装的骑士,他们个个英姿焕发,展现了阿富汗民族的强健体魄及强悍的民族性格。

见证历史兴衰的一条河

　　柬埔寨位于中南半岛，邻近泰国、老挝和越南，1 世纪下半叶建国，9 至 14 世纪的吴哥王朝为其鼎盛时期，举世闻名的吴哥文明即创建于此时。

　　奔流的湄公河将柬埔寨一分为二，河上的船屋点点，许多人都住在船屋，过着依水而生的日子。湄公河经常在豪雨后泛滥，雨季一到，河水湍急混浊，水位时有暴涨。柬埔寨许多地区因缺少地下水、井水等设施，当地居民只好直接饮用河水，便衍生不少传染病问题。

　　图 5-4 是一张 100 元的柬埔寨纸钞，纸钞背面印着数十人乘坐在一艘船上，大伙儿努力划着船桨要渡河，象征柬埔寨人民与湄公河搏斗的志气和勇气。

图 5-4

图 5-5

枫叶之国的冰上运动

加拿大的面积排名世界第二，横跨 6 个时区，包含 10 个省份及两个领地，是个生态天堂。境内有连绵起伏的山脉及幽静的森林，以及举世闻名的风景名胜——尼亚加拉大瀑布。

加拿大境内有许多河流及湖泊，不论钓鱼或是水上运动，都是极佳的选择。而班夫、加拿大洛矶山脉以及卑诗省的惠斯勒滑雪胜地，更让各国的游客流连忘返。当太阳升起时，璀璨的光芒从冰河表面折射出来，光影交错之际，充满迷幻的美丽，这就是吸引无数滑雪人一再登临此地的原因了。

图 5-5 为加拿大的 5 元纸钞背面，印着一群人在冰天雪地里玩曲棍球、驾雪车或溜冰的情景，它如实地记录着加拿大在冬季时，全国人民对冰上运动疯狂的情形。

长白云之乡的极限运动

新西兰是位于西南太平洋的岛国，有"长白云之乡"的意思。这里环境清新、气候宜人，吸引了不少来自世界各地的游客，也吸引移民者来此定居。新西兰的景观富于变化，北岛以火山和温泉地形为主，南岛却多为冰河和湖泊，差异极大。沸泉、喷气孔、沸泥塘和间歇泉，都成为新西兰的观光特色。

新西兰人积极地从事各项户外活动，不论是上山下海，甚至空中的户外活动，都勇于挑战。根据市场调查报告显示，新西兰人民在运动休闲的花费比其他亚太国家要高出许多，可见新西兰人民对体育运动的重视。

图 5-6 是一张新西兰的 10 元纸钞，这张是千禧年的纪念钞，背景是新西兰独特的高山与湖泊，在这壮丽的大自然景观下，可看到新西兰冲浪、滑雪、划船、登山、高空弹跳等户外活动项目。

图 5-6

钞票上的国际赛事

图 5-7：2008 年 8 月 8 日晚上 8 点开幕的第 29 届奥林匹克运动会之主会场——国家体育场"鸟巢"，满足"一群人比赛、另一群人看"的古典体育精神。

2008 年北京奥运纪念钞正面　图 5-7

图 5-8：奥运比赛项目繁多，最受注目的奖项是水（游泳）、陆（田径）、空（体操）。获得金、银、铜牌不但是个人的肯定，更是国家的骄傲。

2008 年北京奥运纪念钞反面　图 5-8

图 5-9：英国北爱尔兰足球明星乔治·贝斯特（George Best，1946-2005），他的控球技术无与伦比，擅长头球攻门，脚上功夫绝佳，曾夺得欧洲足球赛冠军，虽已逝世，仍为世人津津乐道。

图 5-10：苏里南游泳选手安东尼·内斯蒂（Anthony Nest，1967—），1988 年奥运男子 100 米蝶泳金牌获得者，是历史上第一位获得游泳金牌的黑人（黑人一向在游泳比赛中未能出人头地）。苏里南为其荣耀发行邮票及钞票（除国王外，很少有人生前能被印上钞票）。

图 5-11：芬兰长跑运动员帕沃·鲁米（Paavo Nurmi，1897—1973），自 17 岁出道到 37 岁退役，在奥林匹克运动会中，创下 22 个长跑世界纪录并获得 9 枚奥运金牌。1982 年芬兰天文学家发现一颗行星，用他的名字"帕沃·鲁米"来命名，是世界上第一颗以运动员名字命名的行星，他的英名永垂不朽。

图 5-9

图 5-10

图 5-11

　　图5-12：肯尼亚选手已成为马拉松冠军的代名词，世界各地马拉松冠军，85%都被肯尼亚选手拿走。北京奥运马拉松金牌得主为肯尼亚Samuel Wanjiru获得，顺便也包揽银牌，"跑"成为肯尼亚人脱贫的一条出路。

　　图5-13：钞票上的人物是高尔夫球名将Jack Nicklaus（1940—），他曾拿下1962、1967、1972、1980年美国公开赛4个冠军，亦是高球史上第一人。

　　图5-14：萨摩亚钞票上的中国香港国际7人橄榄球比赛是重要的国际性赛事，吸引世界各地球队及球迷前来。2010年由萨摩亚获得冠军，举国欢腾，真是国小技艺高。

图 5-12

图 5-13

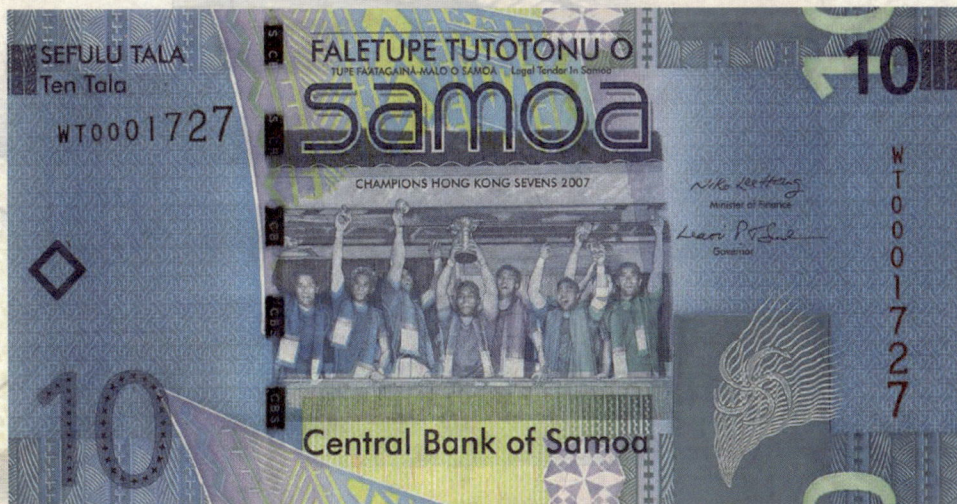

图 5-14

教育兴国，**基础教育到高等教育是**百年基业

6

贫者因书而富，富者因书而贵，

除了面包，教育将是人民的第一需要。

观光发展所衍生的多角冲突

印尼位于亚洲南端，沿着赤道附近的几个大大小小岛屿，都是它的属地。历史上印尼长期受荷属东印度公司殖民统治，荷兰除了大肆掠夺当地盛产的香料、农产品之外，对印尼的建设却乏善可陈。1997年发生亚洲金融危机及接二连三的天灾等事件，使印尼盾重贬，自2011年起经济成长，加上长赴海外工作的600万劳工汇款，印尼渐迈向康庄之道。

在印尼，有许多著名的度假型岛屿，其中巴厘岛早已闻名全世界，是著名的度假天堂。然而在开发观光的同时，印尼人民渴求发展的呼声与环保人士要求的生态平衡，正冲击着这个国家下一步的发展策略。对于保存原始景观、提升人民生活水准，抑或是着重发展观光收入，这三者该如何取得平衡？都是印尼所有人民该共同思考的。

教育水准提升后，人民才有思维的基础，在这几年的总统选举中，教育问题显然已成为热门话题。自苏西洛到现任维多多担任总统以后，印尼政府开始积极推动教育制度改革。图6-1是印尼的20,000元纸钞，上面画着一群学童认真地上课，而老师也尽责地从旁指导。这张纸钞提醒着所有印尼人民，唯有透过教育才能彻底改变落后与贫穷。

图 6-1

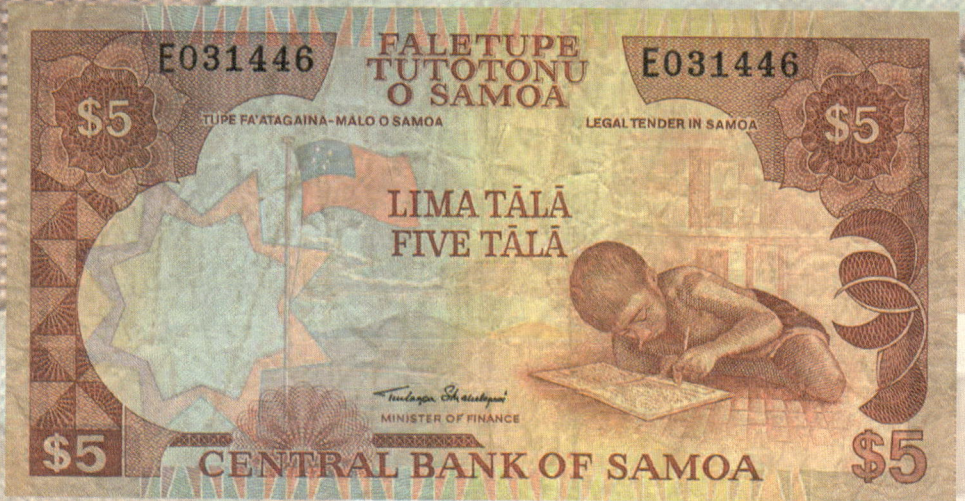

图 6-2

不太重视"隐私"的萨摩亚人

　　萨摩亚位于南太平洋，由 2 个主岛及 7 个小岛组成。萨摩亚人生活悠闲，别有一番独特风情，传说中神奇的面包树产地就在这里。有人开玩笑说，一个萨摩亚男人，只要花点时间，种几棵面包树，就算是一个有责任的男人了，因为这些面包树所结成的果实，足够吃上一整年。萨摩亚人会把这种树上结出的"面包"切成小片用火烤，就成了让人口齿留香的美食。

萨摩亚居民坦率开朗，他们的房间和生活点滴可以直接从屋外观看。他们不像西方人那么重视"隐私"，也不愿设置人与人之间的障碍物和法律条文，若问他们怕不怕小偷，他们总是呵呵一笑地回答："那种'文明'还没有传到萨摩亚啦！"

图6-2是萨摩亚的5元纸钞，印有一位小学童专心写字的模样，或许萨国政府意识到神奇的面包树仅能作为果腹之用，要让萨国更具竞争力，唯有透过教育策略，才能提高所有萨国人民的知识水平。

足球制度比教育制度健全

巴西联邦共和国（The Federative Republic of Brazil）位于南美洲，是南美洲面积最大、人口最多的国家，面积与人口均排名世界第五，也是个多种族融合的国家。

巴西教育水平不高，只有一半多的小学生完成小学学历，学生留级率在拉丁美洲国家中最高（将近三成），因此穷人想要借由教育出人头地的机会并不大。不过，许多巴西人都抱持一个足球梦，因为巴西的足球制度非常健全，球员的薪水也很高，因此进入足球界发展，成为出人头地的好途径。

巴西政府在 2005 年发现许多工人因为不识字而看不懂警告标语，造成职业伤害，因此政府决定开办成人识字班，让工人下班后免费学习阅读、算术与基础科学课程，这不只关怀到劳工安全，更提升了国家发展与竞争力。图 6-3 这张 1,000 元纸钞印着一群学童正努力学习各种学科的情形，显示巴西政府要彻底实行全民教育的决心。

图 6-3

图 6-4

教育改变贫穷

安哥拉曾属于世界上最不发达国家之一，但已被联合国批准"毕业"，其经济发展前景广阔。

从安哥拉的 1,000 元纸钞中（图 6-4），我们看到一道曙光，有一群穿着破旧的小学生正聚集在简陋茅草屋里，认真地学习读书写字，或许这张纸钞是安哥拉政府用来向所有人民宣示，要透过教育政策来改变贫穷与落后的决心。

图 6-5

图 6-6

闻名遐迩的蒙特梭利

蒙特梭利（Maria Montessori, 1870—1952）是意大利著名的教育学家，她相信对智能不足的儿童来说，最重要的是教育，因此她建议政府应该设立特别学校，为特殊孩童提供特殊教育。1899 年，蒙特梭利获得意大利教育部长圭多·巴切利的授命，在罗马举行一系列关于精神障碍儿童的教育演讲。对外公开演讲的同时，蒙特梭利更研究出针对语言课程和数学教育的特别教学法。

1907 年，蒙特梭利在罗马劳工区成立儿童之家，帮助弱势家庭。她在这个时期得到许多启蒙和临床经验，进而发展出蒙特梭利教学法，此种特殊教学方法已闻名全世界，让无数儿童受到启发和帮助。

图 6-5 是 1,000 元的意大利纸钞正面，印有意大利伟大的教育家蒙特梭利肖像，其背面（图 6-6）是蒙特梭利正专心地指导小男孩读书写字，这张纸钞显示意大利政府对教育的重视。

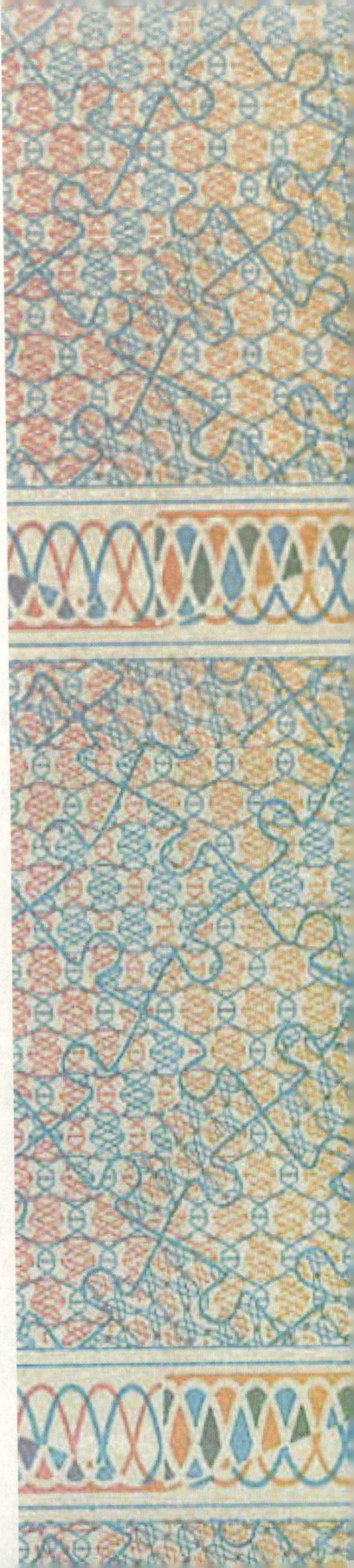

钞票上的各大洲代表性大学

前述钞票均与基础教育（Basic Education）有关，基础教育是人们在社会立足所需要之基本教育，包含小学与中学的阶段，这显示许多国家都意识到，提升国力的答案就在教育，这种奠基工程是非常重要的。在此列举五大洲之代表——亚洲的印尼 20,000 元、大洋洲的萨摩亚 5 元、美洲的巴西 1,000 元、非洲的安哥拉 1,000 元、欧洲的意大利 1,000 元。

"欲穷千里目，更上一层楼"，高等教育（Higher Education）是一切建立在中等教育以上的专科教育，这个层级涵盖专科、学士、硕士、博士学位。

高等教育是进入完全社会生活的最后一个准备场所，它是传播高深文化、行为模式及道德规范的场所，高等教育的质量会影响到一个国家的发展，所以也有不少国家将高等教育场所的图案印在钞票上。兹列举印有各大洲代表性大学的钞票如下：

亚洲：新加坡 2 元背面为维多利亚学院（Victoria School）、莱佛士书院（Raffles Institution）、新加坡医学院（图 6-7）。

欧洲：奥地利 50 元背面是维也纳约瑟夫农（Josephinum）医学院（图 6-8）。

美洲：智利 20,000 元背面是智利大学（University of Chile）（图 6-9）。

非洲：马拉维 20 元背面是多马西（Domasi）师范学院（图 6-10）。

图 6-7

图 6-8

图 6-9

图 6-10

探索与革新将是

科技与经贸的幕后推手

若没有梦想，就没有前进的力量，

看完本章，你会有不一样的感想！

重视"探索与革新"的加拿大

在 100 元的加币背面有加拿大的地图、卫星图像及通信天线（图 7-1）；左侧有 Samuel de Champlain 在 1632 年所绘制的最早地图及探险的独木舟，充分表达出"探索与革新"的含义。

图 7-1

城市国家——新加坡

　　新加坡共和国俗称星洲或星国，新加坡人自称为狮城，是东南亚的一个岛国，也是一个"城市国家"，位于马来半岛南端，除了本岛之外，还包括周围数个小岛。

　　由于地理位置特殊，新加坡在二次世界大战前，一直是大英帝国在东南亚最重要的据点。1942 年至 1945 年曾被日军占据 3 年半之久，之后回归英国管辖，1965 年独立后，由李光耀总理领导，从此，新加坡脱胎换骨，除了以政府官员清廉、法制完善、执法效率高、市容整洁闻名全世界，更以"家长式"的管理方式著称。如今新加坡已跃升为富裕的发达国家，也成为亚洲最重要的金融、服务和航运中心。

　　下页是新加坡 25 元的纸钞，不论正面（图 7-2）或背面（图 7-3），印在纸钞上面的图案都是高耸入云的摩天大楼，代表着新加坡政府对促进现代化发展有不容忽视的雄心与气魄。

图 7-2

图 7-3

东南亚宝石——马来西亚

　　马来西亚深富文化和历史价值，更被评为一个"非旅游不可"的国家，这是因为马来西亚除了有宏伟秀丽的自然景观、雄伟壮阔的建筑特色外，居民与生俱来的奔放、热情，使它获称"东南亚宝石"的美名。马来西亚政府不遗余力地对整体市容进行设计、规划，让马来西亚呈现出活跃和现代化的都市景观。

图 7-4

图 7-5

马来西亚首都吉隆坡的双子星塔在 1998 年落成，建筑高度 451.9
米，在全球最高的大楼排名中算是名列前茅，两座塔都有 88 层楼，承
租给各大商业体系。这栋建筑物由培利建筑设计事务所设计完成，深具
特色，建筑风格结合了科技创新和具有伊斯兰教象征意义的八角星星，
这种建筑风格与马来西亚首都建筑有明显的区别，完工之初也让全球最
高大楼的宝座首次脱离美国掌心，但现已被 2003 年落成的台北 101
大楼（509.2 米）、2010 年迪拜哈里法塔（Burj Khalifa，828 米）、
2012 年麦加皇家钟塔饭店（601 米）、2013 年纽约世界贸易中心大楼
（541 米）、2015 年上海中心大厦（632 米）等所取代。

图 7-4 的 2 元纸钞印有人造卫星装置。图 7-5 的 5 元纸钞则为吉
隆坡著名的旅游景点：双子星塔。这两张纸钞都代表着马来西亚的科技
与贸易。

花生国冈比亚

冈比亚共和国（Republic of the Gambia）是一个英语系国家，位于非洲西岸，是非洲最小的国家，面积约1万1300平方千米。冈比亚的经济以农业为主，土壤并不肥沃，主要种植花生，因此冈比亚被称为"花生之国"。

虽然冈比亚是非洲的不发达国家，不过政府想要推动现代化的意图很明显，图7-6是冈比亚的10元纸钞，背面印有一个大型的卫星接收器，用来接收人造卫星的讯号，显示冈比亚已有现代科技的概念了。

图7-6

图 7-7

经济潜力无穷的安哥拉

安哥拉位于非洲西南部，西濒大西洋，在 1975 年 1 月 15 日争取独立后，没有享受到独立所带来的自由和繁荣，反而长期处于内战。因为境内到处都是地雷，安哥拉成为世界上残疾人口比例最高的国家，人数超过 6 万人。

幸运的是，在安哥拉沿岸发现蕴藏 80 亿桶的石油，内陆也陆续探勘出钻石，让安哥拉的经济潜力瞬间提高，内战结束后，每年在贸易上共取得 30 亿美元以上的盈利。

安哥拉因为探勘出丰富的原油，让国际各大企业嗅到了商机，安哥拉电讯公司与德国西门子通讯携手合作，投资 7600 万美元扩建、更新首都罗安达的固线网络，姑且不论这项投资会带来多大商机，但安哥拉的经济发展及现代化脚步已呈现出蓬勃的生机。

图 7-7 是安哥拉 50,000 元的纸钞，纸钞上有个偌大的卫星接收器，显示安哥拉已走出贫穷落后的非洲小国形象，正一步步朝着现代化科技国家迈进。

高山与瀑布，大自然的奥秘

8

它，让历代皇帝都想登顶封禅，

它，让骚人墨客都想提笔盛赞，

它，被称为"马来西亚神山"，

它，瞬间落水，犹如万马奔腾景象。

天下第一山——泰山

泰山位于山东省中部,与孔子故乡曲阜相邻,地处中国境内东侧,古有"东岳"之称,风景壮丽磅礴,山形拔地通天,故名列为五岳之首,更享有"五岳独尊""天下第一山"的美誉。

中国自古即对"泰山安,四海皆安"这句话深信不疑,因此从秦始皇、汉武帝到清代帝王,都曾亲自登临泰山,或封禅,或祭祀。若有重大事由时,帝王们甚至会选在泰山上建立庙宇、竖立神像,最后还会刻石题字以资纪念。中国文人对泰山更是推崇备至,拜访泰山者如过江之鲫,并题诗作文,留下墨迹。泰山的自然景观雄伟,且人文荟萃,两者交互融合,使得泰山拥有重量级的地位,还吸引世界各地的游客前往参访。

人民币5元的纸钞(图8-1)上印有类似水墨画的泰山图案,更凸显了泰山景致的雄伟壮丽。

图 8-1

喜马拉雅山脉及珠穆朗玛峰

喜马拉雅山脉贯穿中国、印度、尼泊尔、巴基斯坦、缅甸、不丹和阿富汗 7 个国家，它的山势绵延，在全世界超过 7000 米的 66 座主峰中，就有 43 座位于喜马拉雅山脉，因此喜马拉雅山脉被公认是世界最高山脉。

珠穆朗玛峰（藏语"珠穆朗玛"，就是"大地之母"的意思），是喜马拉雅山的主峰，也是世界最高峰，海拔高度为 8848.86 米，被称为"世界三极"之一（另外的两极为南极、北极）。1953 年，新西兰人艾德蒙·希拉利和雪巴人丹增·诺杰首度登上珠穆朗玛峰。

由于喜马拉雅山涵盖的地区广大，所以有许多国家的钞票图案都以其为主题。印度的 100 元纸钞上，可以看到整个庞大的喜马拉雅山山系（图 8-2）；而中国的 10 元纸钞上呈现出壮丽高耸的珠穆朗玛峰（图 8-3）；尼泊尔的 5 元纸钞（图 8-4）则以尼泊尔的位置向上仰望珠穆朗玛峰的样貌而设计。新西兰的 5 元纸钞（图 8-5）则是在珠穆朗玛峰旁绘出艾德蒙·希拉利的肖像。

图 8-2

图 8-3

图 8-4

图 8-5

笔者的喜马拉雅山脉赏峰证书

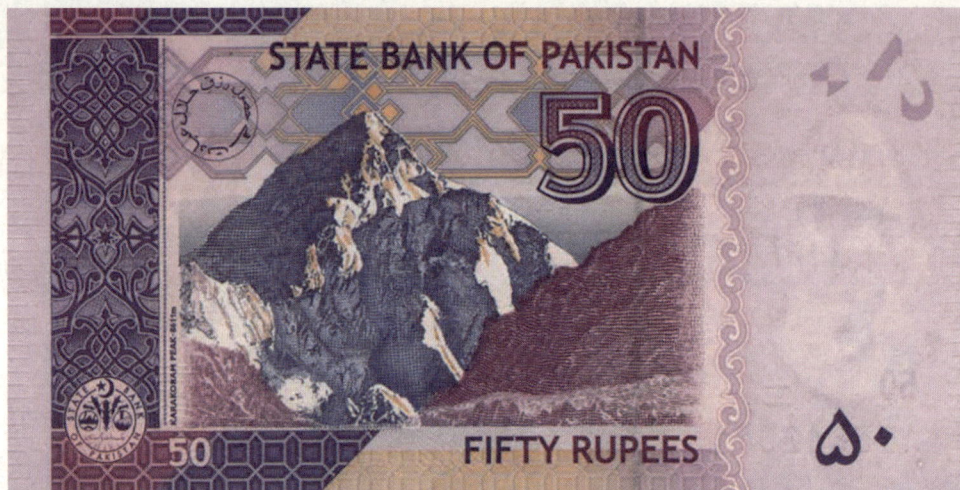

图 8-6

　　巴基斯坦 50 元纸币（图 8-6）上是乔戈里峰（塔吉克语"乔戈里"，意思是"高大雄伟"），又称 K2 峰（因乔戈里是喀喇昆仑山脉第二个被考察的山峰而命名），是世界第二高峰，为中国与巴基斯坦界山，海拔 8611 米。在世界 14 座超过 8000 米高峰中，陡峭峻拔、君临天下，诚帝王之峰，也是最难攀登的一座，每 5 人登顶，就有 1 人丧生。

日本圣山——富士山

图 8-7 是日本 500 元纸钞，背面是日本第一高峰—富士山，海拔 3776 米，气势雄浑，日本的其他山峰难以超越。圆锥形的山姿秀丽优美，常常被日本人用来当成绘画和文学创作的题材，它更象征着日本的精神，举世闻名。富士山周围有富士五湖和青木原树海，还有一座著名的神社，这是因为富士山会喷出火山熔岩，居民为了镇压喷发现象而建造的。每年夏末，日本人都会举行封山祭祀活动。

日本人把富士山奉为"灵峰""圣山"，也视樱花树为"神木"、国花，它们都是日本精神的象征。1868 年明治维新前，在重男轻女的观念下，还曾禁止妇女攀登富士山。现在每逢樱花盛开时节，不论男女老幼都会到此赏樱、集会，瞻仰"圣山"。

图 8-7

图 8-8

马来西亚神山

马来西亚的 1 元纸币上有一座美丽的山，此山是马来西亚的神山（图 8-8），位于马来西亚沙巴州的京拿巴鲁山（Kinabalu），海拔 4101 米，拥有东南亚第一高峰的封号，峥嵘的山势令人肃然起敬，因此被当地人尊称为神山。

关于这座山有个悲伤的故事：古时候，一对在海上捕鱼的兄弟，不慎遇到台风，随着大浪漂流至沙巴，兄弟俩在因缘际会之下，就在当地娶妻生子。由于思乡甚殷，便协议让哥哥先回乡探亲，之后再带大家回故乡团圆。怎知哥哥就此失去音讯，大嫂每天站在山上痴痴地遥望大海，直到老死。

神山是许多登山者向往的天堂，从神山上头俯视而下，可以看到热带雨林、沼泽、河流、湿地和海洋，多变的自然景观更孕育出不少的珍禽异兽和奇花异卉。

吉尔吉斯最高峰

　　吉尔吉斯是中亚的一个小山国，也是古代丝路的必经之地。因为天山山脉环绕着吉尔吉斯，国境之内多为高山、山谷、盆地地形，四周皆是超过 3000 米的高山，山巅上终年积雪，风景优美，仿佛是传说中的仙境。

　　吉尔吉斯的最高峰为胜利峰（Pik Pobedy），高达 5539 米，为天山山脉的延伸。湖光山色有如诗画般的美丽与浪漫，置身其间，宛如人间仙境。

　　图 8-9 为吉尔吉斯的 100 元钞票，以绵亘的群山来反映吉国壮阔的景色。

图 8-9

图 8-10

亚洲最高休眠火山——达马万德山

　　伊朗位于西亚，古称波斯，是一个拥有 4000 多年历史的文明古国。达马万德山（Demavend Mount）是伊朗最高峰，也是亚洲最高的休眠火山，海拔 5671 米，山势雄伟，夏天时融化的雪水，滋养着山下的田野。Dizin Ski Resort 小镇位于此山一隅，到了冬天则是著名的滑雪胜地。

　　在伊朗的 10,000 元纸钞上（图 8-10），可以看到达马万德山的全景。

伟大的小山国——尼泊尔

尼泊尔位于南亚，是一个风景优美的深山小国，曾是亚洲的交通要道，也是来往印度、中国西藏的必经之路。下页是尼泊尔的钞票，分别为 1 元（图 8-11）、5 元（图 8-12）、20 元（图 8-13）、50 元（图 8-14）。四张钞票的背后都有高山和动物的图案，显示尼泊尔的地理环境与山脉有密切关系。

世人称尼泊尔为"伟大的小山国"，这是因为全球著名的 10 大高山中，就有 8 座位于中国和尼泊尔的边境上，或者位于尼泊尔境内：珠穆朗玛峰，8848 米；干城章嘉峰，8586 米；洛子峰，8516 米；马卡鲁峰，8463 米；立奥禹峰，8201 米；道拉吉里峰，8167 米；马纳斯卢峰，8163 米；安纳布尔纳峰，8091 米。

尼泊尔在山脉环绕中，有座举世闻名的奇旺国家公园，育有珍贵稀有的野生动物，在 1984 年被列为世界自然遗产保护区。

图 8-14 的山峰为阿玛达布拉姆峰，6828 米，鸟为国鸟棕尾虹雉。

图 8-11

图 8-12

图 8-13

图 8-14

图 8-15

索莫尼山

塔吉克斯坦为中亚的一个内陆国，该国于 1929 年加入苏联，至 1991 年宣布独立，之后加入独联体。

帕米尔高原位于塔吉克斯坦境内的部分有塔吉克斯坦的最高峰——索莫尼峰，高 7495 米，曾经也是苏联境内的最高峰。

在塔吉克斯坦的 3 元纸钞上即绘有这座秀丽的高山（图 8-15），远看山势高耸苍翠，非常迷人。

诺亚方舟最终停泊地
——亚拉腊山

亚美尼亚位于亚洲与欧洲的交界处，是一个内陆国。历史上曾被奥斯曼土耳其帝国统治，这段历史成为亚美尼亚人心中永远的痛。著名的悲剧电影《A 级控诉》就是描述 20 世纪初期亚美尼亚人被土耳其军政府集体屠杀事件的纪录片，影片虽在探讨"真相"与"否认"的辩证主题，但整个故事强烈地抒发那些无辜被屠杀者的深层痛楚。

电影描述亚美尼亚导演索拉扬到多伦多重建这段发生在一百多年前、超过百万亚美尼亚人被土耳其人大屠杀的历史事件，影片取名为 *Ararat*《亚拉腊山》。亚拉腊山如今是土耳其境内的高山名，相传是"诺亚方舟"的最终停泊地，而亚美尼亚人自称是诺亚的后裔，因此亚拉腊山一直是亚美尼亚人民的精神象征。

亚美尼亚的 50 元纸钞上印着一对年轻男女在亚拉腊山下跳舞的情景（图 8-16），男舞者的双手各握着一把刀，这种对比的手法似乎在提醒亚美尼亚人不能忘记曾被屠杀的历史，一时欢乐永远无法浇熄心中的伤痛！钞票下方有"马刀舞"曲谱，十分悲壮。

图 8-16

图 8-17

人间天堂——少女峰

欧洲阿尔卑斯山脉的最高峰是法国的勃朗峰（4807 米），最美丽的山峰则是瑞士的少女峰。少女峰终年积雪，有壮丽的冰河，充满灵性与迷人气质，还是一个四季都可滑雪、赏雪、登山的旅游胜地。

瑞士位于欧洲中部，是一个内陆国，也是永久中立国。多年来，它一直以进步的民主与强大的经济实力著称；金融、钟表、观光为瑞士的三大经济命脉。图 8-17 即为瑞士的 20 元纸钞，纸钞上可看到一群兴致高昂的游客在少女峰快乐地滑雪嬉戏，是名副其实的人间天堂。

世界最长山系——安第斯山脉

安第斯山脉全长 8900 余千米，整个山势绵延了 7 个国家，几乎是喜马拉雅山脉的三倍半，是世界最长的山系，不但山势雄伟，也拥有壮观的自然景观，风景更是绚丽多姿。

安第斯山脉有许多海拔 6000 米以上的高峰，山顶终年积雪，最高峰为阿根廷的阿空加瓜山海拔（6962 米），也是全世界最高的死火山。

图 8-18 的 10 元纸钞是玻利维亚的钞票，在一片聚集的建筑物背后即是安第斯山脉；图 8-19 是秘鲁的 500 元纸钞，印有雄伟壮观的安第斯山脉。虽然钞票印的都是安第斯山脉，但在不同的国家却呈现出不同的风貌，可见安第斯山脉的宽广辽阔，以及腹地的广大。

图 8-18

图 8-19

图 8-19 也是秘鲁 500 元纸钞，图上为瓦斯卡兰山（Nevado Huascaran），海拔 6768 米，为秘鲁最高峰。

图 8-20

图 8-20 为坦桑尼亚 2,000 元纸钞，非洲狮背后为非洲第一高峰乞力马扎罗山（Kilimanjaro），其最高峰 5895 米，位于赤道但终年积雪。

韩国探险家朴永锡是全世界第一位完成"探险大满贯"的探险家，登顶 8000 米以上高峰共 14 座、全球七大洲最高峰（含南极洲最高峰文森峰 5140 米、北美洲最高峰麦肯尼峰 6164 米、大洋洲最高峰卡兹登兹峰 4884 米，其余见前述）以及到达南北两极点探险。

自然界的不定时炸弹——火山

　　火山是一种特殊的地质结构，依火山的活动情况可分为三类，即活火山、死火山和休眠火山。其中休眠火山比较特别，系指在人类历史的记载中曾经喷发，后来却一直未见其活动的火山，但它仍有可能苏醒，成为活火山。

　　所谓火山爆发是指在火山深处的高温岩浆及气体、碎屑从地壳中喷出。火山喷发的强弱与熔岩性质有关，喷发时间有长有短，短则几个小时，长者可达上千年。

　　火山爆发是一种严重的自然灾害，且火山爆发时常伴随或大或小的地震，对人类造成相当大的危害。但火山喷发也可能扩大陆地的面积，某些火山还就此成为风景区，进而带动观光旅游业的发展。以下将介绍三座被印在钞票上的火山。

非洲最危险的火山——刚果尼拉贡戈火山

　　位于非洲中部的刚果共和国，其国境横跨赤道南北。它曾经是法国的殖民地，因此该国通用法语，直至 1960 年才获得独立。尼拉贡戈火山（Nyiragongo）是刚果境内的火山之一，地处东非大裂谷，属维龙加火山群的一员，为非洲最危险的火山，主火山口深达 250 米，宽 2,000 米，拥有世界上少见的熔岩湖。目前仍不清楚这座火山是在多久以前开始爆发的，但从 1882 年至今，它最少爆发了 34 次，尤其以 2002 年大规模爆发所造成的损失最为惨重，至少有 50 万人无家可归。

　　刚果的 1 元纸钞上即印有还冒着滚滚浓烟的尼拉贡戈火山（图8-21），看来刚果人民对它怀有深深的敬畏。

图 8-21

声震一万里的喀拉喀托火山

东南亚的印度尼西亚共和国简称印度尼西亚或印尼，系由上万个岛屿所组成，是全世界最大的群岛国家，疆域横跨亚洲及大洋洲。

喀拉喀托火山位于印尼境内，是近代喷发最猛烈的活火山，海拔813米，自19世纪以来，已发生过连续性的喷发。其中以1883年8月27日的大爆发最猛烈，曾使一座海岛崩塌大半，火山灰喷发到高空后，更随气流飘散至全球，这些火山灰经阳光照射后，在天空呈现奇妙的红晖，时间竟能维持一整年。此后，在1935年、1941年又多次喷发。这座火山长年都冒着蒸汽，一直到1970年代，才逐渐趋于平静，也吸引不少旅游、体育人士及科学研究工作者登山观光游览、观察研究。

印尼的100元纸钞上印着爆发的喀拉喀托火山（图8-22），图案上的火山还燃着熊熊烈火，正所谓"声震一万里，灰撒三大洋，夺命三万人！"可以想见当年火山爆发的威力。

图8-22

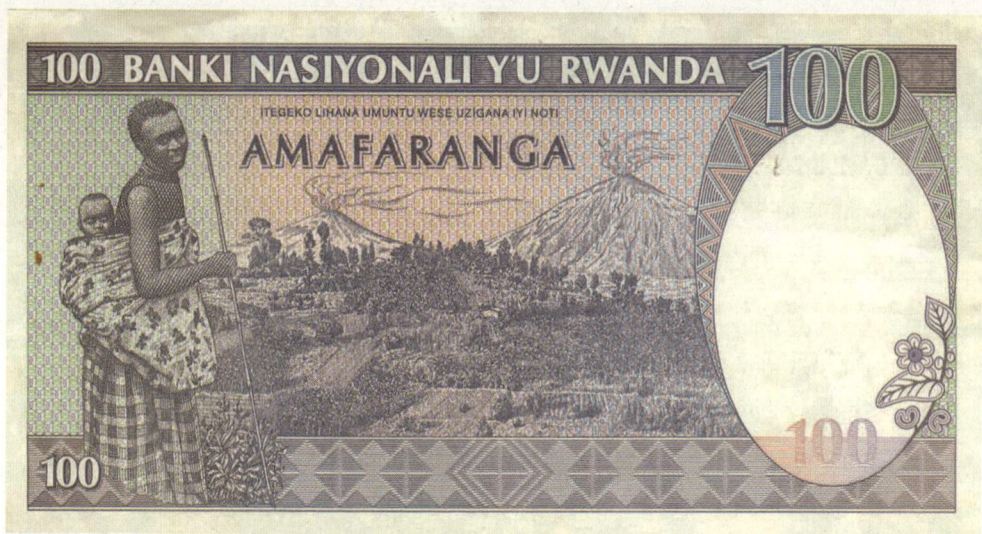

图 8-23

卢旺达的维龙加火山

　　卢旺达位于非洲中部偏东，是世界上最不发达的国家之一，但近年来经济持续快速增长。境内居民主要为胡图与图西两个种族，前者务农，皮肤黝黑，轮廓扁平，后者畜牧，皮肤较白，但这些外表差异不足以造成两个种族不共戴天的仇恨，而是要归咎欧洲殖民政府为了统治方便，不断地挑拨族群议题，间接造成了两者的误解与冤仇。1994 年 4 月，胡图族人总统哈比亚利马纳因搭乘的飞机遭到炮弹击中而身亡，引爆了历史上最恐怖、最悲惨的大屠杀，胡图族直接闯进图西族家中大肆屠杀，在短短的百日之内，造成 80 万人丧生，这就是著名的"卢旺达大屠杀"。此后，政府倡导民族和解，不再区分民族，统一称为卢旺达人。

　　在卢旺达西北部有一连串火山链延伸的崎岖地形，为大裂谷的一部分，这里有卢旺达著名的维龙加火山国家公园（Virunga），在卢旺达的 100元纸钞上有它的全景图（图 8-23）。维龙加火山公园被 6 座巨大的威伦佳火山群所围绕，以丰富的动植物及高山大猩猩闻名于世，维龙加火山公园就以这些特殊景观吸引观光客的目光，为卢旺达带来可观的观光收入。

纸币上的瀑布

有山就有水，所谓仁者乐山，智者乐水。《列子·汤问》中有段故事：春秋时代俞伯牙善于弹琴，好友钟子期能听琴意，有回说琴音像泰山般高耸，有回说如龙门（瀑布）般壮阔。"知音"故事，流传千古。我们看了许多有关高山的钞票，再来欣赏关于瀑布的纸币，来当"高山流水"的知音吧！

图 8-24

伊瓜苏瀑布（Iguazu Falls）是世界最宽大的瀑布，位于阿根廷与巴西边界上伊瓜苏河与巴拉那河合流处，形成马蹄形瀑布，高 82 米、宽 4 千米，1984 年被联合国教科文组织列为世界自然遗产，也被列为"世界新七大自然奇观"。图 8-24 是自阿根廷视角观赏的瀑布，图 8-25 是自巴西视角观赏的瀑布，两国景色截然不同，各有感受（建议：上午在巴西看，下午在阿根廷看）。

图 8-25

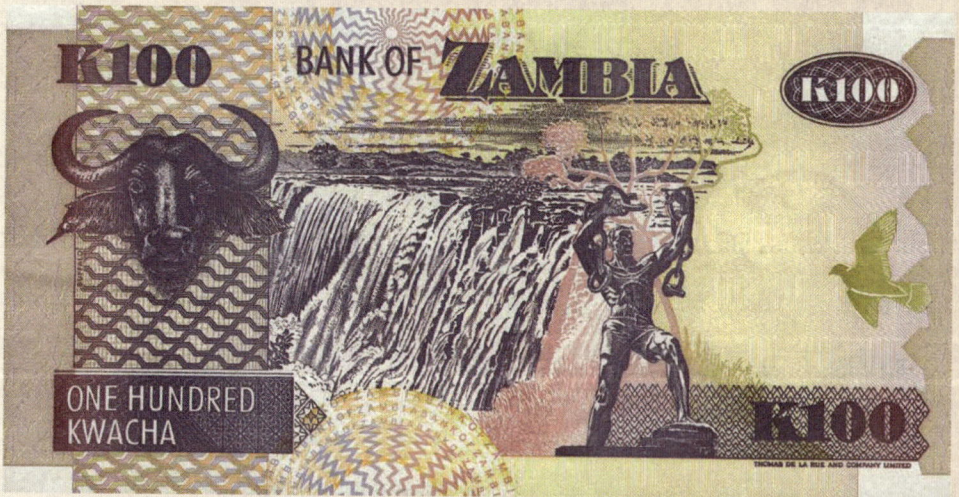

图 8-26

图 8-27

　　维多利亚瀑布是英国探险家大卫·李文斯顿在 1855 年所发现，为对英国女王维多利亚表示崇敬，以其名命名。它位于津巴布韦（占 80%）与赞比亚（占 20%）之交界处，是非洲尚比西河之断层造成，横宽 1700 米、高 107 米，虽居伊瓜苏瀑布之后，但瞬间落水量世界第一，风吼雷鸣、惊心动魄，在 1989 年被列为世界自然遗产。图 8-26 是赞比亚 100 元，图 8-27 是津巴布韦 100 兆元（吉尼斯世界纪录最多 "0" 钞票），从中可看到如万马奔腾的景象。

　　位于委内瑞拉的天使瀑布（Angel Falls），为纪念美国探险家 James Crawford Angel 而命名，他在空中对瀑布进行考察而坠机。这是世界最高的瀑布，宽 150 米，总落差 979.6 米，为尼亚加拉瀑布高度的 18 倍，陡壁直泻、十分壮观。图 8-28 是天使瀑布的面貌。

亚洲最大的孔恩瀑布（Khone Falls），位于老挝湄公河上（图8-29）。总宽9.7千米，落差20米，号称世界最宽瀑布。

图 8-28

图 8-29

凯厄图尔瀑布（Kaieteur Falls），位于圭亚那中部埃塞奎博河支流波塔罗河上，瀑布景色壮丽，高226米、宽91～106米（图8-30）。"凯厄"是一古酋长名字，为和平牺牲自己生命，故以其名为瀑布命名；"图尔"是瀑布之意。

青尼罗河瀑布（The Blue Nile Falls），是东非埃塞俄比亚境内的瀑布，宽400米、高40米（图8-31），是非洲第二大瀑布（维多利亚瀑布第一），也是该国著名旅游景点。

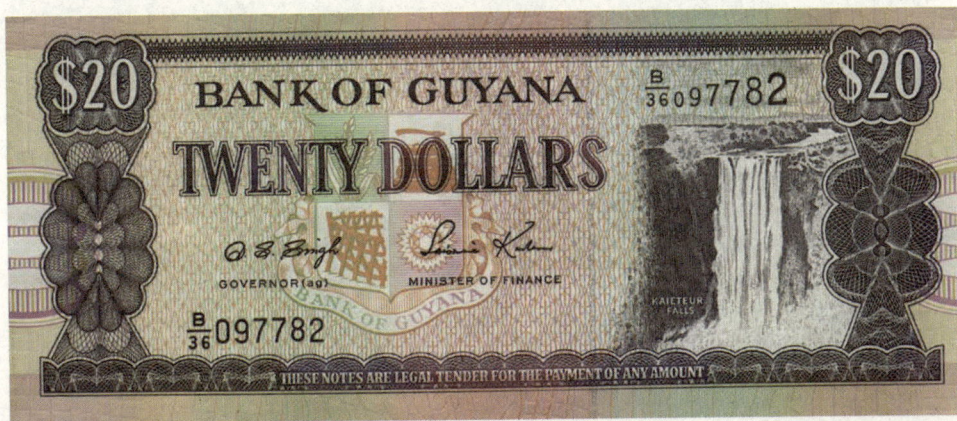

图 8-30

图 8-31

特殊动物与

传统十二生肖，美丽的标章

9

帝雉不用再承悦天皇，
大象不用再为马戏赶场，
猫头鹰不用再为哈利·波特送信奔忙，
因为这次，它们将化身为国家的美丽标章。

图 9-1

沙漠之舟 —— 骆驼

西非的撒哈拉沙漠，虽然看似了无生气，却栖息着许多能适应沙漠干旱气候的动物，例如骆驼。非洲骆驼为单峰，且多为人类所驯化饲养。

骆驼具有超乎寻常的适应能力，适合居住在险恶的沙漠环境。骆驼在沙漠中往返，替人类运载商品，为了保留水分，可以连续好几天不饮水，且体温会提高，以减少排汗量。此外，骆驼的排泄物是高浓缩的尿液和干燥的粪便，它的牙齿特殊，可以咀嚼沙漠中粗糙坚韧的植物，驼峰里所储存的脂肪，可以让它存活一段相当长的时间。它们被称为沙漠之舟，是横渡沙漠时的好伙伴。

西非法郎的 1,000 元纸钞上，即有它们的身影（图 9-1）。

陆、海、空——水羚、石斑鱼、冠蕉鹃

西非法郎的钞票上有许多动物的足迹，可以分成陆、海、空 3 种。陆地的动物有非洲水羚，出现在 5,000 元纸钞上（图 9-2）；2,000 元纸钞上是海里的非洲石斑鱼（图 9-3）；而空中的动物则是美丽的冠蕉鹃，出现于 10,000 元纸钞上（图 9-4）。

图 9-2

图 9-3

图 9-4

美丽的法罗岛海陆空动物钞票

位于北极圈的北欧丹麦属地"法罗岛",其一系列的钞票结合了浓厚艺术风,钞票上的图案系由大师 Cz. Slania 雕刻绘成。虽然一般人很少会到这个地方,但"法罗岛"一系列关于陆海空动物的钞票,确实值得一探究竟。

法罗岛 50 克朗钞票上的主要图案为"陆"的绵羊,乍看形似海螺,其实是选取绵羊头上的"羊角"(图 9-5)。显然是因为绵羊为法罗岛的重要经济来源,故以其作为钞票的主要图案。此张钞票被世界纸币协会(IBNS)票选为 2006 年度最佳纸币。

100 克朗的钞票上选择了"海"的鳕鱼(图 9-6),也是只选取局部的图案——"鱼尾"作为主视觉。由于捕鱼及渔产加工行业是法罗岛的重要出口项目,故鳕鱼在法罗岛占有一定的地位。

图 9-5

图 9-6

图 9-7

　　200 克朗的钞票上则是选择了"空"的鬼脸蛾"展翅"姿态作为主要图案（图 9-7），展现在钞票上的是精巧且复杂的雕刻技巧，是极为难得的艺术珍品，并于 2005 年荣获世界纸币协会最佳纸币第二名。

　　钞票的主图多选用法罗岛的动物，而另一面则选用当地水彩画家所创作的风景画。由于钞票使用黑色凹版印刷，更显精美。

悠闲的海龟与海鱼

在搜集的钞票中，有关动物的图案大多是陆上动物及空中鸟类，较少有海上（水中）动物。在印度洋上、非洲南部的国家科摩罗，一张 1,000 元科摩罗币上有海鱼（图9-8）。另一张 2,500 元纸币上是只非洲绿海龟，

图 9-8

图 9-9

悠闲地趴在海滩上（图9-9）。图9-10为巴西100元的钞票，钞票上是东大西洋石斑鱼。

图 9-10

动物上榜世界最佳纸钞

图 9-11 为乌干达 50,000 元纸钞，上面有乌干达大猩猩，由世界纸币协会选为 2012 年最佳纸币首奖。它是灵长目中最大动物，体重可达 180 公斤，是人类的近亲，生长在非洲赤道丛林间。

图 9-11

图 9-12 被世界纸币协会评为 2009 年最佳纸币首奖，上面有该国国鸟：萨摩亚鸽，又称齿啄鸽（图为萨摩亚 20 塔拉）。

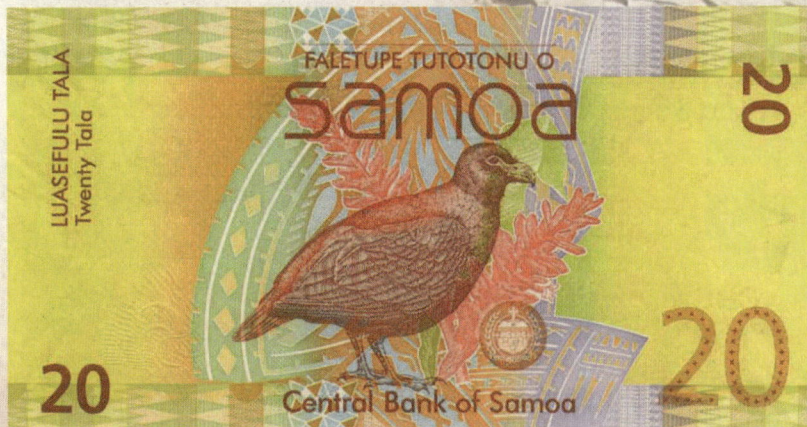

图 9-12

非洲五霸

最常出现在非洲钞票上的动物图案是狮子、豹、大象、犀牛、野牛，这5种动物被称为"非洲五霸"。非洲是飞禽走兽的天堂，南非即以动物图案刻印在纸钞上。图9-13是南非的50元纸钞，有一只气宇轩昂的公狮子。

狮子是大型猫科动物，也是非洲最大的肉食性动物，它们经常懒洋洋地趴在大树下，一旦发现猎物，便会展露其凶猛的猎杀技巧。非洲中部和南部的广阔大草原，是它们的绝佳狩猎场。

狮子是群居动物，一个狮群通常有3到30多只不等的狮子，领袖是经过血腥战斗产生的。而捕捉猎物、照顾幼狮的工作，则全由母狮负责。母狮为了磨练小狮，会故意把小狮子推到山谷下，让小狮子从谷底爬到山顶。

AFRICA

THE BIG FIVE

图 9-13

图 9-14

　　图 9-14 的南非 200 元纸钞印有非洲豹的图案。非洲豹为陆地上跑得最快的动物，时速可达每小时 110 千米，善于爬树，为十分凶猛的肉食性动物。

非洲象这个名字是在 1825 年由乔治·库维叶男爵所命名的。《大象——世界的支柱》一书指出，成年的非洲公象高度可超过 3.5 米，最高甚至到 4.1 米，体重约 4 至 5 吨，最重曾到达 10 吨。非洲象都有象牙，亚洲象只有公象才有象牙，每 10 年换牙一次。

一般都认为非洲象野性强烈，不易驯养，其实在公元前 2 世纪埃及托勒密时期，就已出现过被驯化的非洲象。野生象受过训练后，能适应研究人员的接近，也能成为人类的得力助手。19 世纪末，比利时的利奥普二世就是最好的驯兽师，他可以让非洲象主动帮人类追逐狮子，借着非洲象的聪敏与硕大的体形，确实为人类猎捕不少猛兽。

图 9-15 的南非 20 元纸钞上，即印有非洲象的图案。

图 9-15

图 9-16

犀牛是大型哺乳类动物，成年的犀牛身高约 1.5 米，身长约为 3 米，重量约在 3000 公斤左右。它们最为人所熟知的就是头上的角，及其所保留的史前物种外观。野生的犀牛通常可以活到 35 岁左右。由于犀牛角具有极高的价值，吸引了大批猎杀者盗猎，让犀牛的数目骤降，因而濒临绝种。近年来，非洲 14 个国家致力于犀牛的保育工作，犀牛数目才得以慢慢地回升。

图 9-16 的南非 10 元纸钞印有犀牛。其古朴憨厚的模样，令人有种来自远古的感觉。

图 9-17

　　野牛体形巨大，成牛体重约 700 公斤，巨大的角是攻击敌人的利器。它们头上有一块白斑，肩部到前背中隆起一个瘤状物，膝盖以下的毛是白色，被昵称为"白袜子"。野牛虽看似憨厚，却十分凶猛。野牛的栖息地目前多遭人为破坏，更因其具有许多经济价值而被过度猎杀，目前野牛已被列入重点保护动物。

　　图 9-17 是南非的 100 元纸钞，钞票上的野牛憨厚可爱，不见它强大的攻击性。

　　非洲羚羊大多体态轻盈，擅于长跑，性格温和，在草原上是很多肉食动物的主食，有许多不同的种类。一般肉食动物是短跑健将，狂奔 500 米后就后继无力、精疲力竭，而草食动物善于长跑，虽慢但耐久，只要一有风吹草动就迅速开跑，如能超过 500 米就安全了。纳米比亚把羚羊当作钞票的主角（图 9-18 ～图 9-22），其中 10 元是跳羚，20 元是红色麋羚，50 元是旋角羚羊，100 元是直角羚羊，200 元是杂色羚羊。

图 9-18

图 9-19

图 9-20

图 9-21

图 9-22

美丽的标章——红颊鹎

新加坡在 20 世纪 80 年代所发行面额 5 元的纸钞（图 9-23），即为鸟类系列纸钞之一。这张纸钞的正面是一只红颊鹎。红颊鹎等鹎科鸟类身长约 20 米，雌雄体色接近，头顶有黑色冠羽，眼睛后方有一块红斑，尾巴后方有红色羽毛，这些都是最主要的特征。

红颊鹎常栖息在森林边缘及乡村的林间，喜欢在宽阔地带驻足，常发出轻快悦耳的"布比……布比"叫声。红颊鹎的繁殖期在 3 到 8 月，它们在树上筑巢，每次产蛋 3 至 4 颗，淡粉红色的薄壳上满布暗紫色纹路，主要分布在马来半岛中部以北，是东南亚人家常饲养的观赏鸟。

新加坡鸟类图案钞票不只这一种，还有一系列美丽的鸟类图案令人爱不释手，如图 9-24 印有黑枕燕鸥的 1 元钞票、图 9-25 印有黄腹太阳鸟的 20 元钞票等。

图 9-23

图 9-24

图 9-25

仙人的坐骑——丹顶鹤

　　丹顶鹤（学名 Grus Japonensis）的特征——嘴长、颈长、腿长，
除颈部和羽毛后面为黑色外，其余皆为白色，最具特色的就是头顶。
丹顶鹤的头顶皮肤裸露在外，呈鲜红色，因而享有此美名。它们的
体态优雅、红白分明，亚洲人视为吉祥、长寿的象征，在亚洲的神
话故事中，常为仙人的坐骑。丹顶鹤是东亚地区的特有鸟种，在中国、
俄罗斯和日本等地都可以看到它们的踪迹。丹顶鹤每年会在繁殖地
和过冬地之间进行迁徙，只有在日本北海道是当地的留鸟，这可能

与当地人习惯特殊性喂食有关，因为冬天食物来源充足，因此丹顶鹤不再迁徙。日本北海道的阿伊努人甚至把生活在钏路湿地的丹顶鹤称为"湿地之神"，不仅给予食物，且刻意保护，日本人甚至将它们称为国鸟，北海道设有钏路市丹顶鹤自然公园。

自古以来，亚洲人特别喜爱丹顶鹤鲜丽的羽毛，使它们常遭到猎杀。虽然近年许多国家都设立相关保护法令，禁止人为的猎杀，但目前丹顶鹤的重要死因却仍是不肖人士的投毒猎捕。

丹顶鹤为中国一级保护动物，是世界自然保护联盟（IUCN）红皮书中的濒危物种，也被列入濒危野生动植物种国际贸易公约（CITES）中。日本政府为保护丹顶鹤的繁殖，将丹顶鹤列为"天然纪念物"，并在 1,000 元纸钞上描绘其优雅的身影（图9-26），希望唤起国人对丹顶鹤的珍视与爱护。

图 9-26

神之鸟——天堂鸟

天堂鸟的名称起源自新几内亚，当地土话有"神之鸟"的含义。西班牙人发现这只制成标本的鸟没有脚，以为它们天生没有脚，而对其开始有了奇异幻想，西班牙人甚至幻想着这种鸟只生活在天堂，故将它命名为"Bird of Paradise（天堂鸟）"，后来才知道这只鸟没有脚，是因为当地土著将鸟的脚制成勇士的头饰。

天堂鸟为燕雀目，极乐鸟科（Paradisaeidae），体形中等，最特别的是在头部、胸部及翅膀会长出各种饰羽，且会因阳光照射而产生不同程度的虹彩，那一身华丽的羽翼，令人啧啧称奇，成为最引人注目的地方。尤其是萨克森王天堂鸟，身长仅 22 厘米，眼睛后面却有

图 9-27

长达 50 厘米的蓝白色旗羽，鲜艳夺目。
标本在 1894 年被送往欧洲博物馆时，竟
因外形太过鲜艳夸大，有伪造之嫌，而遭
博物馆退回。

　　天堂鸟品种繁多，大致以东经 141 度
为分界，以东是新几内亚，有 33 种，以
西是印尼领地 Irian Jaya，有 29 种，不
论是哪里出产，都称得上是世界上最美丽
的鸟。印尼的 20,000 元纸钞（图 9-27）
和巴布亚·新几内亚的 10 元纸钞（图
9-28）上，都有美丽天堂鸟的踪影。

图 9-28

图 9-29

美丽的眼睛——蓝孔雀

蓝孔雀主要产于巴基斯坦、印度和斯里兰卡，是印度的国鸟，只要是1500 米以下的茂密丛林，都可发现它们的踪影。蓝孔雀常会吃幼小的眼镜蛇，帮印度人除害，因此在印度非常受欢迎。

雄性蓝孔雀总长度可达约 2 米，重 4000 ～ 6000 克。上部的尾羽可以竖起来，像一把扇子般地"开屏"。尾羽上反光的蓝色"眼睛"可用来阻挡天敌接近，因为天敌会以为这是大型哺乳动物的眼睛而不敢靠近。假如天敌仍不为所动的话，蓝孔雀还会抖动其尾羽，发出"沙沙"声以达到吓阻作用。除此之外，尾羽还有个作用，就是可以吸引雌性蓝孔雀的注意。马其顿 10元纸钞上有蓝孔雀的身影（图 9-29）。

美洲翠鸟

翠鸟的羽毛色泽鲜艳灿烂，它们身上的羽毛经过特殊加工后，可以用来装饰妇女佩戴的帽子、眼镜袋、小饰品，在 18、19 世纪时，被大量地捕杀。虽然翠鸟繁殖容易，一只母鸟一年可抚育 3 只雏鸟，却由于它们栖息的环境遭到人为破坏，加上它们畏寒，对霜雪的抵御能力薄弱，因此目前翠鸟已被列为濒临绝种的动物。

加拿大的 5 元纸钞上将翠鸟的美丽影像呈现在世人的眼前（图 9-30），提醒人们不要再捕捉无辜的翠鸟，这或许是加拿大政府保护翠鸟的一种方式吧！

图 9-30

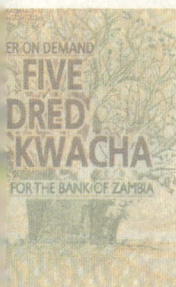

让渔翁得利的鱼鹰

"鱼鹰"是以捕食鱼类为生的鹰鸟，遍布世界各地，不同品种其捕食方式也不同。鱼鹰大多单独在海边、河口、沼泽及湖泊等水域环境活动，捕鱼时是将整个身体潜进水中。

聪明的渔夫以稻草系住鱼鹰的喉部来控制鱼鹰，使鱼鹰以鸟喙捉到鱼后，只可吞下小鱼，而大鱼即成了渔民的食物。此外，为方便控制，渔民会用细绳将鱼鹰的脚系在竹筏上，避免鱼鹰飞远。

加拿大政府将鱼鹰俯冲而下，攫取鱼只的威猛画面印制在 10 元的纸钞上（图 9-31）。除了加拿大纸钞上有鱼鹰的踪影，赞比亚 500 元的纸钞也将鱼鹰收录其中（图 9-32）。

图 9-31

图 9-32

图 9-33

哈利·波特的信差——猫头鹰

猫头鹰系鸮形目，全球有超过 130 个品种，体形较大的雪鸮（Budo scandiaca）是加拿大魁北克的吉祥鸟。除了南极洲，世界各地都有它们的身影。大部分的猫头鹰都是夜行性肉食动物，眼睛及耳朵构造特殊，全身还长着松软的羽毛，飞起及落下的声音很小，在夜间有超强的猎捕能力。但猫头鹰的幼鸟死亡率极高，这是因为幼小的猫头鹰之间有严重的同类攻击行为。鸟类学家统计，每年约有 25% 左右的成年猫头鹰自然死亡。

成年的猫头鹰是捕鼠高手，根据鸟类学家的统计，一只猫头鹰一个夏天可捕食 1000 只老鼠，而一只老鼠一个夏天要消耗粮食 1000 克，依据这样的推算，一只猫头鹰在一个夏天可为人类保护一吨粮食，证明了猫头鹰对人类是一种益鸟，而它们也极度需要人类的保护。

加拿大的 50 元纸钞上印有猫头鹰可爱温和的模样（图 9-33），希望借由这张钞票呼吁世人保护猫头鹰。

别再叫我鸭子啦！——潜鸟

潜鸟（Diver）的外表像鸭子，但它和鸭子是完全不同的鸟类，潜鸟属于潜鸟目（Gaviiformes），鸭子则为雁形目。之所以称为潜鸟，是因为它们的潜水时间可以超过一分钟。潜鸟虽然擅长游泳和潜水，却因为它们的脚趾间有很大的脚蹼，所以几乎无法在陆上站立或行走。潜鸟的食物相当广泛，包括鱼类、甲壳类和软体动物，这也是潜鸟和鸭子的差别。

在繁殖季节，潜鸟居住在美洲和欧洲北部的森林及苔原地带；在冬季来临前，它们会迁徙到非洲南部和中美洲。

加拿大 20 元纸钞上，即可看到潜鸟在湖边戏水的画面（图 9-34）。

图 9-34

集体飞行时呈 V 形的加拿大雁

加拿大雁（学名 Branta Cana-densis）属鸭科黑雁属。Canadensis 是拉丁文，为加拿大之意。加拿大雁是群居性鸟类，喜栖息在湖泊、沼泽，以及水流平缓处，在加拿大五大湖地区可看见大量的加拿大雁群。加拿大雁也可适应城市环境，在整齐漂亮的草地、池塘旁边、高尔夫球场、小镇公园都可见到它们的身影。

加拿大雁的食物来源包括水生植物、陆生野草、农作物，它们不吃鱼类。当一群加拿大雁从空中飞过，会排列成 V 形，且其迁徙路线会因栖息地和食物源头改变而变动。

加拿大雁曾在 20 世纪 50 年代被认为是濒临绝种动物，直到 1962 年，加拿大政府制定狩猎相关法律，并加强加拿大雁栖息地的保护计划之后，其数目才逐渐回升。

从加拿大 100 元纸钞上，可见在湖泊边飞翔觅食的加拿大雁（图 9-35）。

图 9-35

图 9-36

忠心的知更鸟

知更鸟是著名的鸟类，它的羽毛鲜艳、歌声动人，受到很多人喜爱。知更鸟一生大多只有一个伴侣，是忠心的鸟类，不过知更鸟具有独行侠性格，少与其他同伴亲昵互动，对领土有强烈的保护意识。知更鸟有很多不同的品种，各品种的外形也有很大差异，如欧洲知更鸟以及美洲知更鸟在分类上虽都是鸫科鸟类，但体形、颜色上则几乎很难找到共同点。

美洲知更鸟分布于加拿大、美国和墨西哥，地区相当广泛。知更鸟在冬天为了取暖，会和其他鸟类共栖一处。1 到 2 月，美洲知更鸟会向北迁移，在树林、花园、公园等处，都有可能看到它们的踪影，与人类环境非常接近。知更鸟的数目在 20 世纪初急剧减少，有部分原因是家雀和八哥进驻知更鸟的巢穴。加拿大政府对生态极为重视，对知更鸟也极力保护，在加拿大 2 元纸钞上就收录了知更鸟的俊俏模样（图 9-36）。

粉红云霞——红鹤

巴哈马位于中南美洲，面积只有13900多平方千米，在这块土地上生存的鸟类却有200多种。其中，红鹤有5万多只，是世界上红鹤最多的国家，有"红鹤之乡"的美誉。

红鹤这个名字源自拉丁文"火焰"，身高约1.2米，全身披着粉红色羽毛。红鹤是因为食物的关系，羽毛才会变成粉红色，当它们成群地在天空飞翔时，就像一片粉红色云霞。在巴哈马流传着一则关于红鹤的优美神话：红鹤能活500年，在它临终时，还会用翅膀扇起一堆熊熊火焰，在灰烬中浴火重生，故在当地被奉为"神鸟""火焰鸟"。令人想不到的是，不论红鹤的羽毛如何美丽鲜艳，一旦离开红鹤身上，立刻变为白色。

在巴哈马独立之前，当地政府对红鹤大肆猎捕，并以高价贩卖到欧美各国，使红鹤几乎灭绝。直到1973年，巴哈马独立后，才把红鹤定为国鸟，更成立"保护红鹤委员会"，严禁任何不肖分子捕杀红鹤赚取外汇。巴国政府并将大伊纳瓜岛列为"禁猎区"，此处已成为红鹤的乐园。

巴哈马1元纪念钞票的左侧，可依稀见到数只红鹤美丽的身影（图9-37）。其前尚有亚马孙鹦鹉（Cuban Parrot）及岩石鬣蜥（Rock Iguana），号称巴哈马三大珍稀物种。

图9-37

图 9-38

旋转大师——扇尾鹟

扇尾鹟分布在大洋洲，身长大约 20 厘米，单独活动，偶尔成对出现。在林间活动时常竖起尾巴，远看像一把打开的扇子，每跳一次就会出现 90 度到 180 度转身，还会发出吱吱的鸣叫声。扇尾鹟的繁殖季节在 3～7 月间，它们会将巢穴筑于森林或石洞内，鸟巢由细草构成，呈现杯状。

新西兰的 1 元纸钞上，可看见扇尾鹟展翅飞翔的倩影（图 9-38）！

图 9-39

森林女神——蜂鸟

蜂鸟（学名 Trochilidae）分布区域很广泛，遍布中美洲及南美洲。蜂鸟种类繁多，约有300多种，是世界上最小的鸟，全长仅6～12厘米。蜂鸟的飞行本领高，被人们称为"神鸟""彗星""森林女神"和"花冠"。它能在花前悬空逗留，吸食花蜜，还有倒退飞行的本领。蜂鸟因拍打翅膀发出嗡嗡声而得名。

为了让翅膀快速拍打，蜂鸟必须提高其新陈代谢，心跳更要达到每分钟500下！因此，蜂鸟每天要消耗大量的食物，为了获取大量的食物，它们每天必须采食数百朵花，有时候还得忍受好几个小时的饥饿。

在巴西1元纸钞上，有母蜂鸟喂食小鸟的可爱模样（图9-39）。新西兰的2元纸钞上，也可以看到蜂鸟在花间采蜜的美妙姿态（图9-40）。

图 9-40

苏里南的"鸟语花香"钞票

曾经接受电台节目主持人访问："搜集了世界各国那么多的钞票，您最喜爱的是哪个国家的纸币呢？"笔者不假思索地回答：苏里南的"鸟语花香"版。

在所有的鸟类钞票中，笔者最钟爱的为苏里南全套（9张）（图9-41～图9-49）的鸟类纸币。苏里南是非常少有的从5元到25,000元皆以鸟类印于纸币上的国家，其中最难得的是，纸币上皆包含了鸟语花香的特别意义（正面为鸟类，背面为花，但本篇以鸟类为主，因此不附上背面图）。

图 9-41
红颈啄木鸟 Red-necked Woodpecker（学名：Campephilusrubricollis）

图 9-42
绿喉芒果蜂鸟 Green-throated Mango（学名：Anthracothoraxviridigula）

图 9-43
白喉巨嘴鸟 White-throated Toucan（学名：Ramphastostucanus）

图 9-44
长尾隐蜂鸟 Eastern Long-tailed Hermit（学名：Phaethornissuperciliosus）

图 9-45
圭亚那动冠伞鸟 Guianan Cock-of-the-rock（学名：Rupicolarupicola）

图 9-46
王霸鹟 Royal Flycatcher（学名：Onychorhynchuscoronatus）

图 9-47
太阳锥尾鹦鹉 Sun Parakeet（学名：Aratingasolstitialis）

图 9-48
饰冠鹰雕 Ornate Hawk-eagle（学名：Spizaetusornatus）

图 9-49
眼镜鸮 Spectacled Owl（学名：Pulsatrixperspicillata）

全球濒危的动物

　　世界自然基金会调查发现，全球前十大濒危的物种中，几乎都是动物，希望大家都能保护岌岌可危的物种，让它们免遭灭绝。

　　下面钞票上的动物分别是越南 500 元上的老虎，印度 10 元上的大象、老虎、犀牛，太平洋库克岛 3 元上的鲨鱼，卢旺达 5,000 元上的大猩猩，尼泊尔 100 元上的犀牛等，全都是濒危动物（图 9-50 ～图 9-54）。

图 9-50

图 9-51

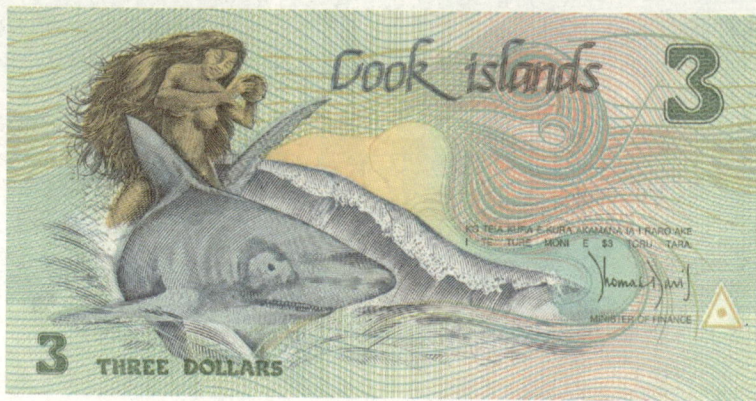

图 9-52

图 9-53

图 9-54

全球濒危物种的动物排名		
1	老虎	栖地不断消失及森林不断被开发，导致野生老虎数量骤减。
2	大西洋鲭鲨	国际市场对其高价鱼肉和鱼鳍需求极大，鲭鲨还可用来充当肥料，在北大西洋的族群数量已减少了89%。
3	锯鳐	血缘与鲨鱼接近的大虹鱼，锯齿状吻突常被用来当作仪式用剑，鱼肉和鱼鳍也常被用来制成鱼翅汤。
4	棘角鲨	在英国常被用于制作鱼块与炸薯片等传统食物，德国则把烟熏鱼肉视为珍馐。欧盟是棘角鲨最主要的进口市场，其在东北大西洋的数量，十年来遽减逾95%。
5	亚洲犀牛	犀牛角在亚洲被视为珍贵药材，加上其位于森林的栖地遭严重破坏，使得亚洲犀牛数量大幅减少，近几年来，盗猎风气再起，更造成原本数量稳定的少数族群也岌岌可危。
6	欧洲鳗	生存于欧洲各地沿岸及淡水地区，数十年来，因过度捕捞及盗猎，数量大减，加上幼年的欧洲鳗近来常被用于水产养殖业，成年鳗更被视为高价商品，进一步威胁其生存。
7	大象	盗猎风行及非法象牙交易，实为部分国家象牙交易猖獗所致，尤其非洲与亚洲的象牙市场仍持续存在。
8	大猩猩	野生大猩猩（包括大猩猩、黑猩猩与红毛猩猩）数量持续遽减，还受到非法交易、非法捕杀、疾病、栖地破坏等多种因素影响。

十二生肖

　　能上钞票的动物大多是该国代表性动物，让我们一起来珍惜，它毕竟是地球村的一员，灭绝后就没了。此章最后，让我们步入古典、传统的十二生肖的世界里。

　　在动物钞票的搜集中，以民间传统的十二生肖最有趣，也最不容易搜集。其中牛、马、羊最多，鼠、兔最少，虽有鸡的钞票，但图案太小。

　　十二生肖的钞票来自不同的国家：鼠（5元的苏格兰币）、牛（500元的坦桑尼亚币）、虎（500元的尼泊尔币）、兔（1元的白俄罗斯币）、龙（100元的中国币）、蛇（10,000元的巴西币）、马（10元的伊拉克币）、羊（10元的南非币）、猴（500元的印尼币）、鸡（1元的日币）、狗（500元的白俄罗斯币）、猪（20元的巴布亚新几内亚币）。依十二生肖顺序分别罗列于下（见图9-55～图9-66，共12张）：

第一组

图 9-55

图 9-56

　　华人以十二生肖来计算年龄，且十二生肖的排序方式听说系两两互为依存，相辅相生，可纳入"伦理学"的课程。

第一组是鼠与牛，老鼠代表机灵，牛代表勤劳，机灵和勤劳是相辅相成的，只有机灵而不勤劳，就是只会耍小聪明的投机分子；而光是勤劳，却不懂思考，则是愚昧的顽固分子。

第二组

图 9-57

图 9-58

第二组是虎和兔，老虎代表勇气，兔子代表谨慎。若勇气与谨慎结合，就能成就大事；如果空有勇气缺少谨慎，就会因鲁莽而坏事；若过于谨慎小心，会因为胆怯而丧失机会。

第三组

中国 2000 年发行的纪念钞——世纪龙钞

图 9-59

图 9-60

　　第三组是龙和蛇，龙代表刚烈神气，蛇代表柔软谦和。太刚强必定折损，但如果只会柔软应对，则会缺少主见；唯有刚柔并济，方才有成大器的机会。

第四组

图 9-61

图 9-62

　　第四组是马和羊，马代表直奔目标、率真勇敢，羊代表和顺圆融。如果一个人只顾自己前进，不顾别人，则会引起周遭人的不满；反之，若只顾着附和他人，最后会失去目标。所以，讲求目标和效率的特质一定要与和顺圆融并存。

第五组

图 9-63

图 9-64

　　第五组是猴与鸡,猴子代表灵活应变,鸡定时鸣叫,代表平稳安定。只有灵活,却缺少稳定,则会成效不彰;如果只是稳定,就如同一潭死水,缺少创新和改革;若两者能相互结合,以稳定性来保持整体秩序的和谐,以灵活的思考来创新,才是最圆满的状态。

第六组

图 9-65

图 9-66

　　第六组是狗和猪，狗代表忠心耿耿，猪代表和气相处。一个人如果太过忠诚，不懂与每个人和气相处，就会不自觉地排挤他人；相反地，一个人太随和，就没有主见和原则。因此，忠诚度一定要与随和紧扣在一起，这就是华人所谓的谦谦君子，也是一个进退合宜的人才。

十二生肖在华人的思想中，不只代表了相辅相成的概念，也表现了华人的哲学观。它将人区分成十二种性格，甚至认为从其所属的生肖可以看出此人的个性。有些企业主管在面试新人时，还会特别去了解面试者的生肖。生肖和职务间到底有何关联呢？依照民间流传，大致区分如下：

生肖属龙、猴、鼠者个性活泼，反应快速，活动能力强，善与人接触，最适合第一线的行销与业务工作。生肖属虎、狗、马的人个性细腻，对自我要求高，也勇于提出请求及拒绝不合理的要求，最适合采购发包、委外加工或服务的工作。生肖属牛、鸡、蛇者，其个性较木讷沉着，处事谨慎，较适合研发或文书工作，是二线工作的领航者。生肖属猪、兔、羊的人，个性平和、柔顺，做事有条不紊、踏实谨慎，适合后勤、法律与特别助理的工作。

除了个性、工作，十二生肖中的 3 种动物和人生阶段也有关联。古人曾说人生很像牛、狗、猴：年轻像牛，终日耕耘不得停歇；中年如狗，要顾守家园；老年如猴，退隐山林。若人生流程真能如此，应是有福之人！

在本书的尾声，希望读者读完本书后，不但能对金钱有正确的态度，更对世界各国的经贸、人物、自然、历史都有大致了解，扩大视野、关心国际，在金钱数字外，更添一股人文气质。